U0669160

足球智慧

足球智慧

〔美〕查理·斯莱格尔 著

任定猛　牛志培　王雪婷　主译

翻译成员　刘　宁　王成楷　王鑫豪

白　帆　李　超　李悦慷

赵宇航　娄　超　袁　博

徐　磊　高　哲　黄源溉

焦太宽　李　奇

北京科学技术出版社

Text © 2018 Charlie Slagle (the "Author").

All rights reserved.

First published in English by Rockridge Press, a Callisto Media Inc imprint

著作权合同登记号 图字：01-2019-4475

图书在版编目（CIP）数据

足球智慧 /（美）查理·斯莱格尔著；任定猛，牛志培，
王雪婷主译 . — 北京：北京科学技术出版社 ,2020.1

书名原文：Soccer Smarts

ISBN 978-7-5714-0592-2

Ⅰ . ①足⋯ Ⅱ . ①查⋯ ②任⋯ ③牛⋯ ④王⋯ Ⅲ . ①足球运动—运动训练
Ⅳ . ① G843.2

中国版本图书馆 CIP 数据核字 (2019) 第 275818 号

足球智慧

作　　者：	〔美〕查理·斯莱格尔	主　　译：	任定猛 牛志培 王雪婷
策划编辑：	曾凡容	责任编辑：	曾凡容
责任校对：	贾　荣	责任印制：	吕　越
图文制作：	优品地带		
出 版 人：	曾庆宇	出版发行：	北京科学技术出版社
社　　址：	北京西直门南大街 16 号	邮政编码：	100035
电话传真：	0086-10-66135495（总编室）		0086-10-66113227（发行部）
	0086-10-66161952（发行部传真）		
电子信箱：	bjkj@bjkjpress.com	网　　址：	www.bkydw.cn
经　　销：	新华书店	印　　刷：	北京宝隆世纪印刷有限公司
开　　本：	880mm × 1230mm 1/32	字　　数：	98 千字
印　　张：	6.75	版　　次：	2020 年 1 月第 1 版
印　　次：	2020 年 1 月第 1 次印刷		

ISBN 978-7-5714-0592-2/G · 2973

定价：79.00 元

京科版图书，版权所有，侵权必究。
京科版图书，印装差错，负责退换。

推荐序

比赛是最好的老师。看完这本书，我深刻地感受到作者查理·斯赖格尔丰富的足球经历和执教经验。这本书不是一本简单的关于教授足球技术的书，而是从比赛、场景出发，教授球员如何运用足球技术。这本书可以让球员了解到不同的场景下运用怎样的足球技术最为合理，非常适合有一定足球基础的球员去阅读。

我国足球正处于迅速发展的时期，需要这样一本关于提高足球智慧的书，来提升中高等级水平球员的足球技战术意识和素养，以及阅读比赛和识别场景的能力，这也恰巧是我国球员所欠缺的。更重要的是，作者教会了读者如何去观看一场足球比赛并通过观看比赛来提高自己的足球能力。这种自主学习的能力，是球员在成长道路上不可或缺的一部分。

本书从易到难，从个人到局部再到整体，逐步提高难度。对于球员而言，一定要读这本书，它将会是一位很好的足球教练，不仅能帮助你提高足球比赛中的表现，还能教会你观察、沟通和思考的方法，从多方面促进你成长为一名优秀的球员。对于球迷而言，它能帮助你更加深入了解足球比赛中的秘密，帮助你更好地观看比赛，发现足球比赛的精彩之处。

——李春满

亚足联 A 级教练员培训班讲师

中国足协技术委员会副主任

译者序

刚拿到《足球智慧》这本书时，我们就被其中的内容深深地吸引住了，这是一本真正的足球人写的书，也是我们踢球人需要的书。本书的作者查理·斯莱格尔将他30多年的足球从业经验全部汇聚凝结到《足球智慧》里。本书让我们从比赛的角度认识了足球这项伟大的运动，帮助我们探索足球比赛中的奥秘。

《足球智慧》和那些单纯教我们如何踢球的书不同，它主要是教有一定基础的球员掌握更高级的技能。本书让足球爱好者不仅能提高球技、思维能力、球商，而且对足球比赛有更清晰的认识，真正地做到用脑踢球。

本书由提高球员个体的技能、与队友一起完成的灵活战术，以及提高比赛阅读能力的心智能练习三方面组成，囊括了足球比赛中出现的大部分进攻、防守、得分以及守门员的情境。所有内容都结合了比赛中的真实情况，让我们知道在真正的足球比赛中如何使用技能、如何运用战术、如何阅读比赛，以及如何与队友交流等。书中每个主题都有一个练习技巧，帮助我们进一步扩展专业知识水平。书中还穿插了一些世界顶级球星的名言，比如梅西、马拉多纳等，让我们学习足球巨星的足球精神。

作者的语言非常诙谐幽默，有很多有趣的比喻，并且通俗易懂。我们在翻译时，尽可能保留作者原有的语言风格，但有一些内容为了帮助读者理解而进行了意译。

经过三个多月的努力，我们团队终于完成了本书的翻译工作，这离不开团队每一个人的努力。在任定猛、牛志培和刘宁的带领下，团队成员进行了分工。任定猛、牛志培和王雪婷主要把控整体的翻译方向，统一书中足球术语的翻译；刘宁负责译稿初稿的统稿与对译，以及二稿和三稿的修正工作；李悦慷、赵宇航、王鑫豪和白帆负责技能部分的翻译；焦太宽、娄超、黄源溆、王成楷、袁博、高哲和徐磊负责战术部分的翻译；王雪婷、李超和李奇负责心智能部分的翻译。

希望本书能成为读者实用的足球工具书。

前　言

　　我作为足球球员、教练员和行政官员的身份从业已经超过30年，我深刻体会到"比赛是最好的老师"这句话的含义。你如果想发挥所有的潜能成为优秀的足球运动员，就需要一辈子不断地训练和观察，不断地学习比赛所需要的知识和技能。但是，大部分人更愿意尽早发挥自己所有的潜能。这就是我写这本书的原因：分享我学到的知识，帮助你尽快成为一名优秀的足球运动员。

　　本书不是针对足球初学者的，而是针对中高级水平的球员。书中不会介绍基础技术，如脚内侧传球技术，而会更关注在此基础上的高级技能。

　　对于教练员来说，足球技战术的训练方法有很多，分析不同类型的11对11的比赛方法也有很多。我在这里将比赛分成三个部分：球员个体的技能，与同伴一起完成的灵活战术，分析理解比赛的心智能。

首先，要了解自己的技能情况。应该依据自己的身体潜能来评估自己，而不是依据同伴或在电视上看到的明星的标准。良好的力量素质和协调素质不仅会提高你对比赛的理解，而且会帮你成为更优秀的球员。像我这样的教练可以帮助你做这些事情，但是你需要对你的训练和身体素质负责，让身体达到比赛的要求。

其次，要谈一些关于你和同伴在球场上一起使用的战术。你什么时候应该运球突破？当同伴要传中时，你应该跑向哪里？你应该以什么样的速度到达包抄点？你应该如何协助同伴完成防守？你如何传球才能帮助同伴用脚控制好球？诸如此类问题你都应该了解。虽然你的身体能力可以帮助你展现更好的技术能力，但是你也需要熟练掌握这些战术，并知道如何应用。

如果你想成为一名全能型的球员，就需要全面地理解足球比赛。当你在主罚 20 米左右的任意球时，你怎么做才能增加进球得分的机会呢？你在中路防守时如何限制对手向前进攻呢？作为一名球员，只有理解比赛并能将知识运用到球场上，才能成为球队有价值的球员。我将在本书里展示如何将丰富的足球知识的优势发挥出来，使球队变得更好。

　　你如果是一位守门员，可以在书中找到许多介绍守门员技术的内容。我曾是一名守门员（一旦成为守门员，永远都是守门员！），建议你将每一章内容都读懂。守门员是唯一能够随时看到所有其他队员的球员，知道他们做什么将会帮助你把守大门。你可以大声指挥，以帮助你的球队防守和进攻。守门员的位置需要你成为球队的领导者，这也是守门员位置的本质特征。了解比赛的内部规律和外部规律，可以帮助你成为这样的领导者。

　　你可以连续读这本书，也可以找到你想学习的部分阅读。在每项技能、战术和心智能介绍页的边缘处你都能看到难度级别的图示。运用书中介绍的方法会使你的训练更具有挑战性。书中每项技术、战术和心智能介绍都有练习技巧说明，以帮助你扩展专项知识水平。另外，仅仅因为我自己的一些兴趣，书中还引用了一些世界顶级球星的名言。

　　我希望你能喜欢这本书，并能在书中找到激励和帮助你的内容。就像我之前说的，比赛是最好的老师。

每当你在球场上踢球或看别人踢球时，都要努力去学习和积累，那么你将会朝着正确的方向前进。

目　录

战　术 ⚽

心智能

技能

技能看起来似乎很容易理解，但值得一提的是，足球从身体运动开始，包括移动、反应、找到空当和创造空当。获得核心技能的唯一途径就是练习。在这一部分，我将介绍让你成为一名优秀的足球运动员的基本技能。有些技能是简单的，有些技能是复杂的，通过练习都可以完美地表现它们。这里没有介绍太多的特殊技能。

1 对 1 防守时不要被突破

防守

防守可以说是比赛中最重要的部分。毕竟，如果能阻止对手得分，就能立于不败之地，最坏的情况也不过是平局。如果运气好，加上进攻得心应手，就会取得胜利。

防守的目的是不要被对手突破到身后——无论是运球突破还是传球配合突破。后卫、中场或前锋，防守都需要保持一种紧凑的姿势——我喜欢把这种姿势称为低重心姿势，即膝关节弯曲，两脚前后站立，脚掌着地，将注意力集中在对手和球上。有些人把这种姿势称为"变矮"。这种姿势比你在两个盯防区域之间奔跑时所采用的高直立姿势要更难被突破。当对手运球前进时，你在身体直立的情况下更容易被突破。低重心姿势见图1.1。

图1.1

防守时，你和对手保持的距离取决于对手的速度和进攻技巧。对手的技术越好、速度越快，你就越要给对方更多的空间。好的防守会迫使对手低头看球，这会限制他们的选择。

无论在球场上的位置是什么，每名球员在防守中都扮演着重要角色。团队防守从1对1防守开始。

你在与队友一起练习1对1防守时，要像比赛中进行1对1对抗一样，要不被队友突破到身后。你独自练习时，可以在轻松状态下以低重心姿势朝着不同的方向移动。

记住：你的目标是阻止对手突破你。当对手突破你时，你的队友就不得不代替你来阻止对手进攻，这会给对方持球者留下更多的时间和空间来进行有潜在破坏性的进攻，这不是一件好事。

你不要试图强行抢断，要在你的对手犯了一个错误、给你一个明显的机会去抢球的时候再抢断。作为一名防守球员，你用单脚跳抢球会让对手很容易突破你。

2

运球过掉防守你的球员

运球

1 对 1 进攻的目标很简单，就是超过防守你的球员并使他落后于你。你如果想让防守你的球员永远"吃你的灰"，就需要掌握一些可以在比赛中成功过掉防守你的球员的运球动作。下面我们来分析一个好的运球动作最基本的结构。见图 1.2。

你如果真的想突破一名防

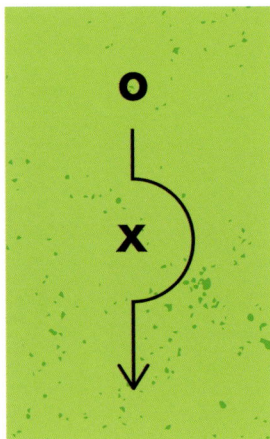

图1.2

守球员，最好的方式是在速度上尽可能领先他。换句话说，你要在保持控球的同时快速逼近对方防守球员。你在速度上的领先会使对方防守球员变得被动，让他处于一个容易被突破的防守站立姿势。

你被防守球员紧追不舍时，就要采取行动让他们失去平衡。可能的方式如先做"踩单车"的动作，然后把球拨到一边，或者用脚的内侧或外侧扣球。

当防守你的球员完全失去平衡时，你就可以快速触球并带球从他们身边越过。你要真正突破防守球员，快速触球必须是动态的，而且要有速度。

遗憾的是，很多球员都满足于在触球突破后停下来，而在刚刚越过防守球员时就停下来，会给防守球员反击的机会。这有点像在马拉松比赛中一样，在所有人都冲过终点线之前，你一领先就举起手表示胜利。实际上，虽然你在那一刻领先了，但你还没有真正赢。你想要在对手面前保持自己的领先，需要一记绝杀——一记在你领先于对方防守球员时的绝杀，他们此时唯一的选择就是跟着你或者对你犯规。否则，防守你的球员会不惜一切代价阻止你进攻。

球员要专注于练习 2~4 个高难度的运球动作。很多时候，球员会尝试许多的招式，但比起一大堆一般的招式，你使用 2~4 个高难度的运球动作，更能成功地突破对手。在你练习运球动作时，挑战自己，做到尽可能得快。你可能会因为踩到球而摔倒，可是一旦掌握了快速移动的技巧，你就会在场上得到回报。

3

用你的身体控球

运球

当你持球的时候，最好控制住球。你能掌握的最重要的技能之一就是掩护：用你的身体去保护球，尽可能地让对手难以获得球；用你的身体尽可能让对手远离球。

你在掩护时，让你的身体尽可能"宽"。要做到这一点，你需要侧身，用远离防守球员的脚控球。双脚分开，让对手在你肩后，这样可以创造尽可能远的距离。为了保持更大的距离，用你前脚的外侧触球。

只要你控球，就最好知道你的对手在哪里。这样，你就能知道防守你的球员何时想要采取行动来抢球。为了了解防守你的球员的行动，你可以与他进行身体接触。此时，你的身体姿势所占的空间应该是宽的，防守你的球员不能在没有选择的情况下就把球捅出去。如果防守你的球员到你的右边去抢球，你就向左走；如果防守你的球员向左走，你就向右走。身体接触可以节省决策的时间，释放空间，让你有更多的机会运球突破防守你的球员，或者找到可以传球的队友。

在这种情况下，你也可以做一个转身。想象一下这样的情形：当你运球冲向边线，一名防守球员就在你面前，这时你没有传球的可能性，你的空间越来越小。当接近边线时，你可以用距离防守球员最近的脚迈出一大步去掩护球，然后停下来，再用另一只脚的外侧运球转身，面向场地，留给自己时间和空间去做其他选择。

乔·科尔（Joe Cole），这位前英格兰国脚尤其擅长在场上任何地方转身。上半身和下半身的力量对于掩护和转身是必不可少的，你想要成为一名优秀的球员，需要在这些身体素质方面下功夫。

4

动态"踩单车"

运球

"踩单车"是球员最有效的运球动作之一，这个词很形象地描绘了这个动作。"踩单车"可以用任何速度完成，无论球是运动的还是静止的。这个动作会让防守你的球员失去平衡，因为这会让他产生一种错觉，以为你要绕过他，或者你要把球传给队友。"踩单车"会给你时间决策，是运球突破防守你的球员，还是把球传给队友。

学习"踩单车"动作，可以用一个静止的球开始练习。站在球后，将右脚向球的左侧移动，从球和左脚之间穿过，再继续围绕球移动。如果用左脚完成这个动作，先把左脚放在球的右边，然后围绕球移动。这样慢慢地练习，身体保持平衡。可以用手臂帮助自己保持平衡的同时做动态运动。

如果用静止的球掌握了这个动作，你就用一个运动的球来试试。当你变得更熟练的时候，加快球速以及减少完成这个动作的时间。进一步的练习是把球推到你的前面，然后尽可能地连续多走几步。最后，练习从一只脚到另一只脚的交替换位，在运动的球上做多个换位。

观看顶尖水平的球员做动态"踩单车"，你可能会发现像梅西这样的球员在静止的球上也能让防守球员失去平衡，这是因为梅西对球的控制能力很强，让很多防守球员都不敢靠近他去抢球，担心他会突破自己。因此，你要观察顶尖球员的动作并模仿他们。

我相信技巧曾经不是、将来也不会是教练指导的结果，而是球员和球之间恋爱的结果。

——罗伊·莫里斯·基恩（ROY MAURICE KEANE）

5

接球后的衔接动作

接球

我曾经听过一位教练说接球或停球就像用盒子捕鸟一样。为了捉住鸟，在地上撒一些鸟食，然后用一根系了绳子的小棍支撑起盒子。在鸟啄食时，拉动绳子，将鸟捉住。但是，下一步需要做什么呢？需要制订一个计划。接球或停球亦是如此，你需要知道在接球或停球后接下来要做什么。

你不能仅仅满足于将球停下，而应该用一种允许你做后续动作的方式将球接住，比如接球后传球或快速运球。如果球落到地上，你应该能够使用脚的所有部位在身体 360° 的范围内运球。你必须控制好球的节奏，以防球离你过远而被对手抢断。同时，你也不能将球停在距离身体过近的位置，这会迫使你不得不退一步再去踢球或是再做另外的动作。

用胸停球也是一样的道理：你需要接住球，然后将球控制到一个能够让你安全做下一个动作的位置。用胸停球将限制你做 360° 方向的改变，但你接住球并传出去的方向越多越好。

当你的接球技术得到提高的时候，尝试着和防守球员在对抗中练习停球。用这种方法，你将会获得根据对手在不同位置时向不同方向停球的经验。

不要认为伟大永远属于别人。每天想象自己也能够做出伟大的事情。提起勇气，面对挑战，别怕犯错。

——布兰迪·查斯顿（BRANDI CHASTAIN）

6

让颠球具有挑战性

控球

颠球练习可以很好地提升控球能力，也就是提升在一定空间内控制球的能力。用大腿颠球与用脚、头和身体其他部位颠球相比是最简单的。你如果想使颠球练习发挥最大作用，最好加入一些变化参数，如用脚颠球时，脚背在触球时保持绷直，就像在射门时做的动作一样，这会让这个练习具有挑战性。可以分开双腿坐在地上，然后双腿离地，用脚颠球，这种练习方法能够帮助你提高在球场上的控球能力。

另外一种颠球练习是"颠球过全身"。首先你用一只脚颠球，将球传到同侧大腿，再传到同侧肩膀（开始如果用右脚颠球，接下来就用右大腿和右肩膀；开始如果用左脚颠球，接下来就用左大腿和左肩膀），然后再将球传至头部、异侧肩膀、异侧大腿，之后球回到另一只脚上。最后再尝试将球反方向传回至起始脚。如果觉得自己做这个练习很困难的话，那么先把它分成几个部分练习。例如，先尝试将球从一侧肩膀传到头部再传到另一侧肩膀，最后再将几个部分的练习串联在一起。

再有一种颠球练习是，每随意颠 3 次（也可以是其他的次数）球之后将球颠向两倍身高的高度，然后接住球继续颠。你也可以把球颠过头顶，当球在空中时，迫使自己转身然后接住球继续颠。在移动中颠球给练习增加了难度，也能让你了解自己能够颠多快多远。

在颠球时，你可以尝试新的且难度更大的动作来挑战自己。不要墨守成规，反复做同样的事情。你若想成为优秀的球员，就必须通过练习来熟练掌握最开始做不到的动作。

7

小组颠球

控球

颠球是锻炼触球能力非常好的方式。当你自己颠球的时候，你确实能够多次触球，你也一直都知道球从哪个方向来，因为你总是最后一个触球的人。但是小组颠球就会带来许多未知因素，因为你不知道队友会从哪个方向将球传过来。

在小组颠球中，我最喜欢的规则是规定每位球员每次必须颠球的个数。如每位球员每次接到球后必须颠2次。除此之外，也可以选择做累进颠球的练习，即第一位球员颠1个，第二位球员颠2个，第三位球员颠3个，第四位球员颠4个。在第四位球员颠完4个球后，第五位球员再回到颠1个球，重来一圈。在这两种练习中，小组成员都要尽力在球落地之前颠更多的次数。

另外一种颠球练习是玩"不碰大腿"游戏。游戏的目标是成为最后一个"站"着的人。所有的球员一起开始颠球，如果谁的球丢了或是碰到了大腿，那么该球员就会获得1个字母。当一名球员集齐了8个字母，他就出局。如果球落到地上，大家对于谁将获得字母意见不统一时，由所有球员举手表决。这个简单的游戏实际上非常具有挑战性。

还有一种颠球游戏叫"网式足球"，可以用网或标志桶布置场地来做这个游戏，目标是让球过网（或是标志桶之间的线）并且不让球落到指定的区域内或者出界。可以自己制订一些规则，比如限制每名球员颠球的次数。通常情况下，在球过网之前，网的一侧最多只能有3个人碰到球（有点像排球）。哪一方先累积到11分（可以自己决定分数），哪一方就赢得胜利。

在所有的颠球练习中，无论球会跑多远，都要尽力去挽救每个球。在游戏中，你不会每次都能接到完美的传球，但你身体的移动和柔韧性会得到提高。

8

大力抽射

得分

你想要大力且精准地射门，就必须使出全身力气练习射门。显而易见，大力射门能增加得分的概率，踢出一个速度非常快的球意味着留给守门员反应的时间会减少。你想要得分的话，球必须对准球门。

想要大力射门，就需要用脚背正面踢球。换句话说，就是用鞋带的位置踢球。为了使射门时的脚型保持稳定，脚趾要下扣，脚踝要锁紧。能否用最大力量射门，踢球时腿的摆动和射门之前最后一步的步法至关重要。如果可能，可以用支撑脚跨一大步——这个动作能够把身体的重量都放到射门中。注意不要太快地跑向前，不要离球太近，否则你无法跨出最后一大步，从而破坏射门的节奏，最后导致射门的力量减小。

练习大力抽射时，可以选择用静止的球来练习，可以在运球中射门，也可以凌空抽射别人向你传来的球。在自己练习凌空抽射时，先将球抛向空中，然后在它落地反弹之前接近球的落点位置大力抽射。如果想要练习变得简单一点，就在球第二次落地反弹之前抽射。

一旦你学会了大力射门，就要开始关注射门准确性的问题。开始练习的时候，你一定要保证踢球时踢在球中间的位置，这不仅能够帮助你保持射门精准度，也能确保球不会旋转，不会偏离你的出球路线。同时，你也要知道射门的方向是近门柱还是远门柱。你要有洞察力，也要做出一些变化，这些变化能够让你使出全力将球送向理想的位置。

所有的教练都喜欢能大力精准射门的球员。但是，大部分的教练和守门员都不希望对手能够大力精准地射门。因此，你花时间去练习精准大力射门非常必要。

凌空抽射时不要犹豫

得分

在空中击球射门被称为凌空抽射，这样很容易踢出一个下坠球，增加射门得分的机会。为什么？因为球可以越过守门员后在高于球门的高度下坠破门。你想要踢出下坠球，就要使球跟随踢球腿的膝关节向上移动，这将使球上旋，然后再下坠。

凌空抽射也能用击球脚内侧或外侧踢出一个弧线球。为了达到变向的效果，先击球中部，然后再沿球的一侧前摆。如果使用右脚外侧踢，那么就沿球的左侧前摆；如果使用右脚内侧踢，那么就沿球的右侧前摆。这样就引起了侧旋，使球旋转，就像下坠球一样。射手除了瞄准球门柱外，还要让球尽可能绕过守门员，这样会让对方的防守更加困难。当然，凌空抽射不仅可以增加旋转，而且可以通过击球的中心点，让球完全没有旋转。这样会产生蝴蝶球效果，使球运动不规律，守门员就很难去扑救。当然，就像棒球中的蝴蝶球一样，需要大量的练习才能熟练掌握。当你练习凌空抽射时，注意什么是有效的练习，并尝试运用相同的触球方式，反复踢蝴蝶球。

凌空抽射可以说是一个非常高效的技能。作为一名守门员，我更害怕面对射手凌空抽射的球，因为它是很难预测的，它可能是下坠球、蝴蝶球或者弧线球。当然，凌空抽射球并不像踢地滚球那么容易，熟练掌握凌空抽射会使你成为一名更优秀的球员。

技能

10

长传球要有高度

传球

在比赛中，当对手给你的球队施加压力时，或你踢任意球、球门球或在移动中传中时，就需要一个长传球将球踢到球场上相应的位置。合理的技巧以及大量的练习可以让你在需要的时候踢一个好的长传球。

任意球长传时要有能力把球踢得很稳，让球在空中运行很长的距离，而且能让球到达你想要传到的位置。如果想把球踢得很稳，就要踢球的正中心，否则球就会旋转，不能飞得远。要想让球飞到空中，你必须用脚背内侧以一个小的锐角击球，也就是用远离你鞋带中心的部位击球，身体向后倾斜击球的中下部，击球点越低，击出的球就越高。你只要根据自己的经验去踢球，它就能达到你所需的高度。击球后，踢球腿要朝向球飞行的方向做随摆动作。

在边路长传时，大多数技术动作没变，只需转身去踢。为了在边路踢好长传，在迈向球最后一步时，可以用支撑脚向球迈近，落在球的一侧，打开身体，脚尖指向传球目标。

在长传球时，要像大力射门一样，最后一步需要迈大步。这样做可以让身体重心全部作用在球上，增加击球的力量。

我努力弥补自己的弱点并将它们变成我的优势。

——悉尼·勒鲁（SYDNEY LEROUX）

技能
25

11

头顶球与掷界外球时
运用背部

头球

你可能会很惊讶，为什么会把头顶球和掷界外球结合在一起呢？因为头顶球的部分力量来源和发力掷界外球的力量来源相同：背部反弓，然后快速向前屈体。

掷界外球时，出手的时机和力量一样重要。要想掷出最有力的界外球，掷球时就要快速向前屈体。练习这个动作，从膝关节开始，背部反弓，快速向前屈体，最后按照规则掷球。你一旦掌握了从膝关节开始掷界外球的动作，就要像在比赛中一样练习原地掷界外球。

很多时候，你会看到一名球员为了掷出一个长距离的界外球而助跑发力。这一动作虽然要比掷球时快速向前屈体的动作更难，但是当你结合背部反弓动作就可以延长掷界外球的距离。

运用背部意味着"使用头"，这一表达有双重意义。它可以表示用脑踢球，因为教练们都希望球员能聪明地踢球；它还可以表示用头击球，头也是一个可以击球的部位。头球可以射门、传球和解围，所以运用合理的技术是很重要的。错误的头球动作可能导致头部受伤，如脑震荡等。用你的前额去顶球，要确保是你去顶球，而不是让球顶你。

当你用头顶球时，力量来源于颈部带动头部向前的运动。通过弓背，然后迅速前摆上体，可以使头部向前的运动获得更多的力量，就像在掷界外球时所做的那样。这个动作结合颈部带动头部做爆发式振摆，然后用前额正确击球，两者将爆发出最大的头顶球力量。当你去顶高球时，直接起跳，在你跳起的最高点，用背部和颈部带动头部向前大力击球。

为了进一步提高投掷能力，你应该增强背部的柔韧性和力量。体操运动员由于其强大的后背力量和灵活性，通常可以把球掷得很远。

12

一脚传球以保持控球

传球

你接到球后，需要有一个一脚传球的机会。为什么呢？因为当对方防守球员靠近你时，能否把球快速且成功地传出去将决定着你是得球还是失球。

当你用脚内侧传球时，支撑脚须正对着球，且踢球脚脚尖朝上以保证脚踝是锁紧的。这样能确保传球传得更稳、更精确。如果脚踝是放松的，没有锁紧，那么踢出的球就不会很稳，且准确性会降低。为防止球偏离预估方向，而又想踢出一个上旋球同时确保球平稳地滚出，击球点必须在球中心以上。

你可以自己对着一面墙或其他不易破坏的平面练习。下脚要轻，看看能连续平稳地传出多少个球。你也可以和同伴一起使用一脚传球来回传，尝试让球不离开地面。当球弹出或飞到空中，就表明传球出现了错误。可以增加第三名、第四名球员一起练习左右脚传球，也可练习将球按原来的路径传回。团队练习时，每名球员都应与其他球员保持足够远的距离，练习长距离一脚传球。你也可以在练习的过程中加入一些其他技术动作。

优秀的球员和球队都能够精准地使用一脚传球，使球队一直保持球权。最好使用踝关节附近的部位传球，且保证脚与球垂直，这可以保证传球时脚与球的接触面积更大，犯错的可能性会更小。

成功来源于努力，与运气无关。

——迭戈·马拉多纳（DIEGO MARADONA）

13

守门员封堵射门

守门

　　守门员的主要职责是把球挡在门外。换句话说，守门员要有封堵射门的能力。守门员除了把球挡住，不让球脱手也是非常重要的。

　　为了避免球脱手，抓住球是一种非常有效的方式。身体要挡在球运动的路线上，如果球穿过双手造成脱手，身体就会挡住球。用双手抓住球，即用手指包裹住球，用手指根部顶住球。如果一个更高的球向你飞过来（高过头部），你就会没办法用身体去挡住它。当球射进你手中时，你的手放松一些会帮助你更好地抓住球。

拥有一双"灵活的手"对守门员来说是一笔巨大的财富。

当你面对一个远射的球而且身边被对手包围时，你需要尽可能地用手抓住球。如果你面对一个速度非常快、射向球门的球，可以放松手部，把球拍落在面前然后抓住它。这种技术相对于用手指直接抓一个大力射门的球来说，是一种安全的选择。

飞身扑球时，手部的抓球动作技术是一样的，要用手把球包裹住。飞身扑球时用手抓球很重要，因为你将在地上翻滚，如果没有抓住球，球就会脱手。如果在飞身扑球时没办法抓住球，那么要安全地将球挡出去。用手直接将球挡出球门外，挡出底线，通常的结果可能是裁判判给对方一个角球。这种给对手角球的选择要比脱手造成对手补射进球好。

作为一名守门员，你绝不会过于频繁地进行扑救，所以，你在任何时候都不应该随意地扑救，即使在你累的时候。你不能靠练习扑救来发展身体素质，应该在精力充沛的时候去练习扑救。

14

面对高球的守门技术

守门

当横传或者罚角球是一个高空球时，守门员抓住球并且化解危险是非常重要的。你在抓球的时候，需要找到一个合适的位置直接起跳，在空中抓住球。你可以利用手臂和腿的协调摆动垂直起跳，在达到最高点时用手牢牢抓住球。当你跳起放下左腿的时候，右腿应该在空中抬起，保持大腿平行于地面，这样可以保护自己免受对手的攻击。守门员经常会犯的错误就是把球抱在胸前，其实在落地时应该保持手臂高举，因为过早放下手臂会造成多余的动作。如果你此时受到对手的冲撞，裁判会保护你。

你如果受到阻挡或者误判而抓不到高球，安全的做法就是用拳击的方式将球击出。当你打算击球时，手臂做出拳击的动作，用手肘带动拳头击球。一个常见的错误就是使用手腕击球，这非常危险并且可能受伤。要将球击得又远又高，否则球门会很危险。

你如果不能抓住球也不能将球击出，可以用手掌挡住球或者用手指将球引到一个安全的地方。你如果选择挡住球，就要迅速回到原来的位置，因为你可能需要面对球脱手造成对手的二次补射。

面对高球，你处理球的方式和处理球的时机同样重要。你应该在有对手的情况下，在罚球区内进行训练。在模拟比赛时，练习躲避障碍是非常重要的。

15

用倒钩球扩大射门范围

得分

当球离地面很高且你想第一时间完成射门时，你需要一个完美的倒钩射门。如果这个球的高度在膝盖或者膝盖以上，复杂的生理结构将导致你很难有效地踢凌空球。不相信我说的吗？试试看，你的脚会处在球的下方，然后看着球被踢到球门上方。此时，倒钩射门可以让你更稳定地触到球，当球处在一个更合适的位置时你才能完成一个高质量的进球。

那么我们应该怎么做呢？面对一个可以用倒钩来完成射门的球，你首先要腾起身体。你要想做到这一点，需要快速用击球腿支撑自己跳起来。另一条腿，也就是不击球的腿，你可以用力地把它向上抬起以带动你的身体离地面更高。此时球离地面也很高，你就可以像凌空抽射一样去踢球。

倒钩射门技术动作在足球运动中也是最令人兴奋的动作之一。练习倒钩球，可以将球扔过头顶，用击球腿跳起，然后摆动另一条腿，身体平行于地面，然后像凌空抽射一样踢球。倒钩射门会让你的背部落地，所以，你要准备好用手来为倒地做缓冲。守门员不喜欢面对倒钩射门（图 1.3），因为他们无法做出预判。老实说，在大多数情况下，倒钩射门的球员也看不见球门。

练习倒钩射门是痛苦的，因为你的背部可能会摔倒在地上。要想在练习中减少一些痛苦，你

图1.3

可以利用跳高或撑杆跳的垫子来练习。还有一种更酷的练习方式就是去一个很浅的湖里，或者在池塘里练习，让水缓冲你落地的冲力。如果你在水里练习，可以用一个沙滩足球来代替平常用的足球。

记住：足球是一项对抗运动（不要让任何人否定它），你必须有能力在你失去平衡的时候控制住自己。在练习技能的时候，你必须在不同的位置调整你的身体姿势，如倒钩射门，这会在比赛中帮助你。

16

凌空侧射

得分

　　想象一下，在罚球区里，一个球在你的右侧，大概在腰的高度，你怎么办呢？大多数情况下，球员要想控制这个球需要通过一次或者多次的触球才能完成。这个过程所需的时间会让守门员和他的队友为下一步的行动做好充分的准备，你进球得分会变得更加困难。然而，这时候你如果用一个非常有力的凌空侧射，就会把握住一个非常好的机会把球踢到网中。

　　面对来球，摆出侧射的姿势，转动支撑腿（以左腿为例）面向球门并且转动身体，抬起摆动腿平行于地

难度等级

面，击球，整个动作一气呵成，用手臂带动身体转动并且维持平衡。你的力量通过腿的摆动和身体的转动来产生，击球脚脚尖朝下内收，促使射门更有力量。

腾空（跳／跃／腾起）凌空侧射的技术难度能和倒钩射门相提并论。它和倒钩射门一样，当你需要踢高于腰部的球时可以用腾空（跳／跃／腾起）凌空侧射完成。完成腾空（跳／跃／腾起）凌空侧射需要遵循和凌空侧射相同的步骤，同时还要向上跳跃。听起来很难吗？确实很难，这需要练习。腾空（跳／跃／腾起）凌空侧射就像倒钩射门一样，意味着你在落地时身体会倒在地上。为了帮助你消除练习时所带来的疼痛，你可以在落地的地方放一个垫子，或者在很浅的泳池、湖里练习。

在练习侧射时，你可以试着踢球的中心稍靠上的位置以一定的角度击球，使其射中球门线，这样的方式即使有一些小失误也会有机会得分。球踢得低一直都比踢得高好。

看着别人不断超越自我，是一件美好的事情。

——艾比·万巴赫（ABBY WAMBACH）

战术

　　　　　　支球队要想获得比赛的胜利，单靠个别球员是无法做到的，它需要整个团队的努力。所以，如果你想赢得比赛，需要尽可能让自己成为最优秀的球员，同时，你与你的队友要在同一意识层面上发起进攻，调动对手来回移动，或者你尽可能地帮助队友。本部分内容将探讨球员如何通过行之有效的方法与队友合作来提高比赛成绩。

1

做好准备接球

控球

在一场比赛中，很多时候会听到一名球员说："把球传给我，我在空当。"然而，这名球员可能并不处在空当的位置。球员处在真正的"空当"，需要有一条清晰的传球路线让持球队员将球传至空当。见图 2.1。

获得空当的第一步就是跑到无防守球员的传球路线上。你可能在一条空

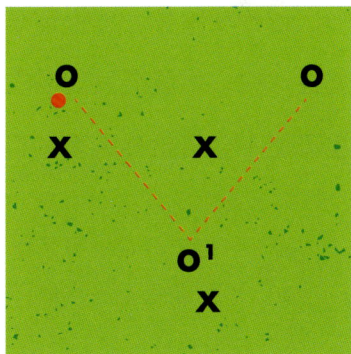

图2.1

的传球路线上，即便如此，你依然被对方防守球员盯得很紧。如果是这种情况，你首先要折线摆脱，其次寻找接球路线，这样你就可以获得更多的空间去接球。此外，当你选择好一个位置接球时，你要确保有可选择的传球方式，可以是一次触球也可以是两次触球。

你一旦真正地处在空当位置，可以通过呼喊、手势的方式向队友展示你处在一个良好的接球位置。你的动作意味着你最有可能成为队友传球的目标，所以你应该伸出双手保持平衡，准备好接球。

从长远来看，你在接球后能否成功地将球传给队友决定着你是否能再次接到队友的传球。好的传球可以保持控球权，或者帮助队友得分，这样队友就会一次又一次地传球给你。如果你总是丢球，或者传球失误而失去控球权，你就会发现队友不会再频繁传球给你，教练也可能不会再给你太多的机会。

> 你要经常观看足球比赛，重点观察场上球员如何获得空当接球，如何占据有利的位置传球给队友。请记住，你的队友每次传球给你的时候，你都要调整位置，选择空当去接球。

面向出球方向

控球

　　当球队拥有控球权时，触球次数越少，越有可能保持球权。你可能会听到很多教练员告诉他们的球员在踢球时要打开身体，要面向下一步出球的方向。这样一脚出球会更容易，而且出球方向的选择会更多，否则接球后还要转身。你转身时不仅需要多次触球，而且转身后还要抬头观察去寻找队友。另外，离你最近的对手可能就在你身后，这意味着你可能会在传球前受到压迫或被阻截。

　　当你打开身体准备接传球时，仔细观察周围的区域，寻找最佳的传球方向。如果你的最佳选择是向右边传，那么接球时要调整身体姿势面向右边。你可能没有面对出球方向接球，但是你会面对出球方向传球。

你作为团队的一员，要帮助队友在接球之前让他们知道身边的情况，帮助他们做选择。如果接球队友没有被盯死，要让他知道他可以接球转身。如果接球队友被对手盯死，就要提醒队友身后"有防守球员""不要转身"。你要成为队友脑后的眼睛。通过这种方式提示，你的队友就可以获得所需的信息，做出正确选择。

> 一支善于沟通交流的球队往往是一个优秀的团队——只有所交流的信息是正确的而且会使球队获益才是有效的沟通。作为球队的一员，请记住：你必须为大家比赛！

在足球比赛中，最糟糕的事情就是眼睛只盯着球。

——纳尔逊·法尔克·罗德里格斯（NELSON FALCÃO RODRIGUES）

3

用跑动来获得空当

控球

当你想得到一个队友传球给你的机会，或者为另一个队友创造空间，一个好的策略是尽可能多地进行盲侧跑动。什么是盲侧跑动？盲侧跑动就是一个让防守你的球员不能同时看见球和你的跑动。防守你的球员必须通过转动他们的头来决定是看球，还是兼顾你和球。这些选择对于防守球员来说都是不利的。如果防守球员没有看球，他们就可能会一直跟着你而不知道球什么时候会传过来；如果防守球员看球，他们就不知道你要在哪里接球。因此，你不要一直在防守球员面前跑动。

当你这样做的时候，他们能同时看到你和球，看懂你比赛的方式，让他们在防守上更有效率。盲侧跑动见图2.2。

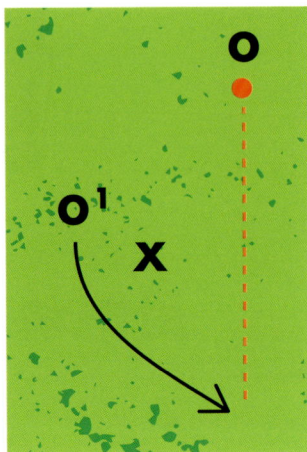

图2.2

当球队在防守时，防守球员都希望得到自己队友的支援。如果防守球员得到支援，就会引导持球队员运球跑向支援队友，同时让球也越来越靠近目标队友。如果防守你的球员在一个很好的位置帮助队友断球，那么你要通过跑动带开对方远离支援位置，你可以跑向远离球的位置。如果防守你的球员跟着你跑，他的支援则失效；如果防守你的球员继续支援，那么你就会有空当。你也可以绕着你运球的队友跑，让防守你的球员离开他们的支援位置。这种交叉的跑位可以使你获得"自由"，你运球的队友就可以自由运球来突破防守球员了。

你如果正试图为一个跑到你刚拉开的空当位置的队友拉开空间，那么在防守球员身前的跑动可能是有效的。防守你的球员会看着你和球，这一刻他就很难去协防你的跑到空当的队友。

4

传中包抄，获得空当射门

得分

当你的球队进行传中时，尤其是在罚角球或者在侧翼罚任意球时，球员要进行穿插无球跑动，最好是多个人同时跑动。如果有三个包抄的球员，那么一名球员跑到近门柱包抄前点，一名球员跑到远门柱包抄后点，一名球员跑到中间罚球点附近包抄中点。

你如果是包抄前点的球员，就要跑到近门柱的前面，离球门线大约 3.66 ~ 5.49 米（4 ~ 6 码）的位置。如果球传向你，你就将球射进球门或者假射漏给身后队友。这个假射是有作用的，因为守门员会根据你的行为来保护近门柱区域而将远门柱漏出来。如果你假射漏给身后队友，队友接球射门，守门员将很难回到远门柱区域去防守球门。如果你跑动到前点，又无法射门，那就跑向球门寻找二次射门的机会。见图2.3。

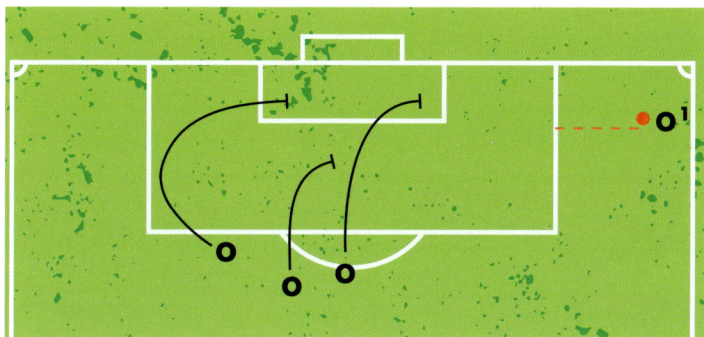

图2.3

你如果是包抄中点的球员，要绕过罚球点再进去包抄抢点，积极跑动寻找传中的落点，然后将球射进球门。你在找到传中落点之前要一直保持移动，积极寻找可以射门的位置。

你如果是包抄后点的球员，不要过早地到达包抄位置，包抄的时机要和球到达的时间保持一致，球到人到，这会让对方很难防守。如果防守你的球员在你理想的位置，那么你要尝试着在球到达之前跑到他的前面，这样会有更好的机会去得分。你不要站在原地等球，这样很容易被防守球员盯死。如果你在前点而且有机会射门，那么把握机会把球射进去。如果没有机会射门，一个不错的选择就是将球漏到远门柱，在那里会有队友直接射门或者补射。

离求最远的球员应该通过语言指导其他球员。你如果是离球最远的球员，就可以观察到其他球员，并指导队友包抄近门柱、远门柱或中间的位置。这些语言指导将会为球队得分提供支持。

5

传中包抄点

得分

当你传中时，首先要让守门员无法触及球。守门员可以用手接球，所以他们处理任何空中的球都占有优势。青少年守门员由于没有经验，任何一个传到球门前的机会都有可能得分。而对于有经验的守门员，他们会更容易接住直接传到球门前的球。因此，传中高球时，应远离守门员。在比赛中，你需要确定守门员的活动范围，并让球一直保持在守门员的活动范围外。见图2.4。

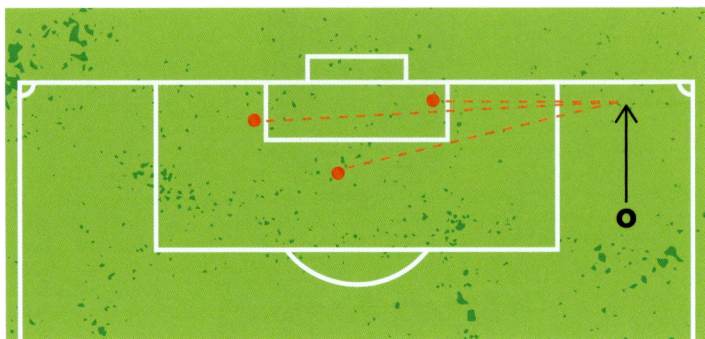

图2.4

　　传中一般有三个主要的包抄点。第一个包抄点是近门柱的点，进攻这个点要传出距离球门线1.83～5.49米（2～6码）的空中球，使队友可以直接射门得分。第二个包抄点位于球门中间大约7.12～10.97米（8～12码）外，这个距离由守门员的活动范围确定。第三个包抄点要传出高弧度的、飞向后门柱的球，并且球应该超出守门员的活动范围，最好离球门线3.66～9.15米（4～10码），这为队友提供了一个很好的机会，让他们能够跑到远门柱并完成抢点射门。当你选择传到中间的点或者后门柱的点时，最好使用脚内侧传旋转球，这样会增加队友得分的概率。

当队友包抄近门柱的点时，你传一个前点的地滚球也是有效的选择。但是，你传出的球要有一定的速度，这样包抄前门柱的队友就可以在门前直接射门或者假射。在传中时，门前越混乱，进攻越有利。

尽管罚球区外的传中 [距离球门线 16.5 米（18码）多] 很有效，但是靠近底线的传中是一种更好的策略。距离球门线较近的角度对于队友来说更好，并且大大降低了队友越位的概率。

6

2 过 1 后套跑位以撕破防守

控球

当队友控球时，你从后面跑向队友的外侧，叫作后套跑位，见图 2.5。这种跑位会让对方防守球员在防守持球队员的同时还要担心你，从而使对方的防守失去平衡。这时对方防守球员必须决定是阻止运球队员，还是阻止你在外线快速拿球。对方防守球员的困惑和决策会让你的球队更具有威胁。

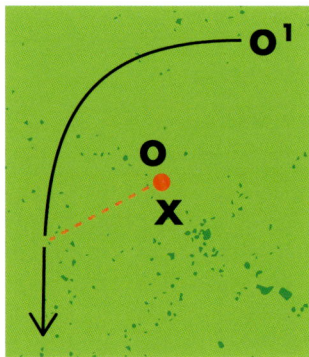

图2.5

后套要在一定的情形下才会有效。首先，后套的球员要在持球队员身后，如果在持球队员身前跑动，防守球员就会做好准备并且在后套的球员得球后对其施加压力；如果在持球队员身后跑动，就可以在一个安全位置得球且让防守球员很难做好准备。后套的速度必须要快，速度太慢的后套是没有作用和效果的。你在使用这个战术时要有目的性，同时要让队友知道你要后套。你能看到整个情形，这时你的队友需要知道哪里有人能帮助他。你可以用语言让队友知道你正在后套，这同时也会分散防守球员的注意力。你的队友在知道你要后套之后，就会通过快速运球或内切给你创造跑动空间。此时你的队友便会有两种选择：一是传球给你，二是1对1直接突破防守球员。

必须记住：1对1是2过1的一部分，任何2过1的进攻情况都可以通过保持1对1来提高成功率。持球队员必须始终保持1对1的移动。事实上，1对1的成功也会通过2过1的移动来加强。

7

控球时应该干什么

控球

　　当你控球时应该干什么呢？这不是一个简单的问题，它开始于你得到球之前。在你回答这个问题前，应该去阅读场上的形势，根据比赛场上的有利局面做出积极、快速的选择来处理这个球。你要充分评估对方的防守。如果对方的防守球员是一名非常优秀的后卫，并且占据了最佳的防守位置，你应更倾向于把球传给队友来继续保持控球权；如果对方防守球员不是很优秀，或者对持球球员的压迫没有跟上，你就可以通过个人能力来过掉防守球员；如果对方防守球员以非常快的速度对你进行压迫并且没有完成抢断，你就可以通过一次触球来摆脱防守球员。

如果对方防守球员不如你速度快，你可以考虑运球到对方防守球员缺乏帮助的边路，你甚至可以考虑快速运球进入对方罚球区做一个危险的传中。在场上会有许多的情形出现，当你得到球时，你对这种情形的识别可能与队友的选择不一样，要根据你处理球的能力、此时此刻在场上的位置、紧盯你的防守球员的水平和球队的整体打法风格而定。

你在场上接球时的位置是一个非常重要的因素。在比赛场上，你控球时越接近对方球门，你在场上的机会就越多（你在这种情况下丢球后，即使对方打防守反击，你也会有更多的队友去组织防守）。在进攻三区时，你有更多的机会去突破对方防线，完成射门并取得进球；在中场区域时，你可以组织一些有效的进攻，但是机会不如在进攻三区多。你如果在中场区域丢球，对方断球后的反击就会直接面对本方后卫。因此，你不能丢失任何一次机会，因为你丢球后会给对方创造绝佳的得分机会。

要成为一名有创造力的球员，你就应该随时知道场上的形势和在场上所处的位置，并且根据场上的形势和位置随时做出相应的调整。

8

以最快的速度
对持球球员进行压迫

防守

无论是个人还是一个有组织的整体向对方持球球员进行压迫，都能够使自己团队的收益更大。防守就是不要被突破。当对方发起进攻时，所有本方球员应该立即调整自身的场上位置——场上球员立即在本方区域密集站位，防止对手轻易地取得进球。记住，你的防守如果仅仅是为了去破坏球而不是转化为本方控球或者进攻，那么当你解围失败或破坏失败时就会给对方得分的机会。对方射门的机会越多，得分的机会就越多。

当你与对方球员进行 1 对 1 对抗时，你缺乏队友的保护，此时你的主要目的是延缓对手进攻的时间。你要占据有利位置，防止对手传出渗透性的球，同时还要防止你盯防的对手直接运球突破你。延缓很重要，因为延缓能够让你的同伴有时间回到防守区域组织防守。如果对方得到球后没有人对其进行压迫，那么他们就会控球直到其队友跑到合适位置后再传球，从而打破你队的防守。

你要不断重复练习 1 对 1 的对抗。熟能生巧。1 对 1 对抗是足球比赛的基本组成部分。在不同的情境下进行 1 对 1 对抗练习，并兼顾进攻和防守的训练，这会使你成为场上的全能型球员。

真正的冠军并不是那些总是获得胜利的人，而是那些有勇气的人。

——米娅·哈姆（MIA HAMM）

9

2过1传切配合破坏对方防守

配合

最常用的 2 过 1 传切配合是非常有效的配合形式。

如图 2.6，进攻球员 O^1 快速运球接近防守球员 X 时，其队友 O 跑到能够接球的空当，接 O^1 传球后越过防守球员 X 再将球传给 O^1。配合成功的标志是球能够重新回到 O^1 的控制下，并且越过防守球员 X。

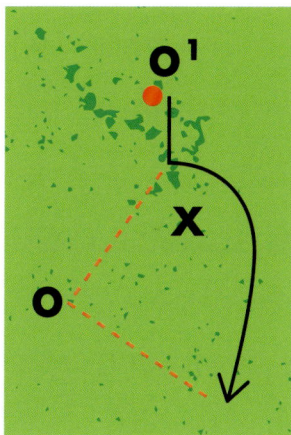

一般情况下，传切配合也

图2.6

叫作2过1墙式配合，应注意以下几个方面的因素：首先，持球球员运球，与防守球员出现1对1的局面。如果防守球员不怕1对1对抗，那么他就会通过断球或阻碍进攻球员传球后的跑动来破坏掉传切配合。其次，持球球员的队友应该移动到有利于其传球的位置。最后，持球球员给队友传球时，传球的质量越高越好，用距离队友最近的脚的脚背外侧给前来接应的队友传球非常有效——球应传到队友的惯用脚下。队友应该通过一脚触球来完成2过1墙式配合。第一次传球后，传球球员应当快速绕过防守球员，到防守球员的前面去接球。在这个配合中，队友扮演了墙的角色。

这种传切配合在比赛中经常出现，并且是比赛中的基本配合形式。你应该既懂得如何跑动，又懂得如何充当墙。传切配合可以在非常密集的防守区域内完成，也可以在比较开放的区域内完成。传切配合在对方罚球区内也非常有效，可以为队友创造自由的射门机会。但是，在使用传切配合时，越接近对方球门，可利用的空间越小。

接球队员（墙）的第一次接球非常重要，不要站在防守球员的身后去接球。只有通过观察寻求合理的位置，才能给持球队友创造最佳的传球路线，此时成功的概率才会高。

10

寻找 1 对 1 进攻的机会

控球

　　当对方防守球员没有同伴保护，而你又足够自信时，就大胆运球突破吧。你如果取得 1 对 1 进攻的胜利，那么此时对方防守球员就不得不立即改变场上的位置，以弥补场上出现的空缺。这样你就打破了对方的防线。

　　只要场上队友注意彼此间的距离，就能够帮助你获得 1 对 1 进攻的机会。球队不管是在进攻还是在防守，都要注意场上的宽度和纵深。如果你的球队能够在进攻时利用整个场地的宽度，并且通过延伸前锋和后卫的距离制造出空当，那么你的球队在这些空当中将会获得更多的控球机会和 1 对 1 的进攻机会。

当你面对防守球员 1 对 1 进攻时，把头抬起来，这样能够观察队友的位置。在 1 对 1 的情形下，你如果成功突破，那么就会吸引其他防守球员过来协防，此时你要时刻保持观察，把球传给缺少盯防的队友，这样才能突破对方防线。

球队需要抓住 1 对 1 的进攻机会，这样的进攻才更有效率。你保持控球会使对手不停地组织防守，并不断地根据你的进攻来组织防线。对于两支实力相当的球队来说，单靠传球很难捅破对手的防线。因此，在适当的区域，要敢于跟对手进行 1 对 1 对抗并取得成功，这样你的球队在控球时会更效率。

> 1 对 1 是足球比赛的基石，你要寻找合适的练习伙伴多加练习。只有不断尝试不同的 1 对 1 练习形式，才能发展自己各个方面的技能。

你所能做的就是在比赛场上把你所掌握的技能都展现出来。

——克林特·邓普西（CLINT DEMPSEY）

11

3 对 2 突破防守得分

进攻

在比赛中出现 3 对 2 的进攻局面时，场上出现了人数优势，进攻球员需要充分抓住并利用好这个优势。进攻球员要以最快的速度突破防守，因为此时 2 名防守球员的队友正在组织回防来帮助防守。在 3 对 2 的进攻中，胜负的关键取决于进攻速度的把握，进攻速度越快，成功射门得分的概率越大，反之则越小。与 2 过 1 的对抗一样，1 对 1 的对抗也始终贯穿在 3 对 2 中。进攻球员要尊重这样一个事实，那就是你可以通过运球过掉他们。要做到这一点，首先要隔离 2 名防守球员，通常情

难度等级

况是处于边路的进攻球员应该突破一名防守球员并朝球门方向移动。在大多数情况下，另一名防守球员会向你移动，此时另外两名队友要充分打开身体，占据有利于你传球的位置准备接球，并随时抓住机会射门得分。见图 2.7。

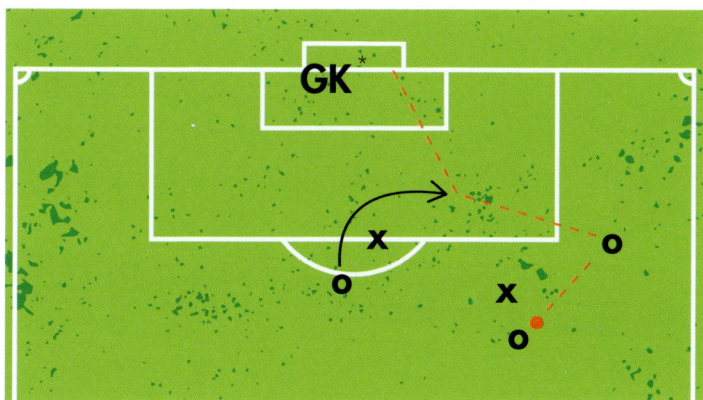

图2.7

你如果处于 3 名进攻球员的中间位置，进攻时试着吸引 2 名防守球员而将他们分开，但不要强行运球突破对手，你如果失去了球权，就会浪费掉人数优势——在一场势均力敌的比赛中，这种机会不会多次出现在球

---

*译者注：本书图例中的GK为守门员。

门前。只有迫使 2 名防守球员都向你靠近，这样才能给你的队友创造出接球射门的机会。

另一种在 3 对 2 进攻中比较成功的方法是从中路通过速度优势取得突破，或者传球给边路球员——通过一脚球的传递来过掉 2 名防守球员。边路球员接球后传球给第三名快速前插的进攻球员射门得分。

你在练习 3 对 2 进攻时非常重要的一点是要按照比赛的速度来进行训练，想象有很多的防守球员正在回防帮助参与防守。如果你的练习速度比比赛的速度还慢，那么你的训练效果将无法达到比赛的要求。

12

有目的地接球

控球

在足球场上，你做的每一个动作都应该有一个目的，接球也不例外。你在很多位置都能从队友那里接到球，找到一个合适的接球位置就意味着你能牵制一名防守球员，这不仅可以保持控球，还可以减轻防守球员对持球队友的压力。接球可能是与队友进行传切配合或是通过盲侧跑动获得向前的传球，以突破对方的防线射门。它还可能是通过一次后套配合，来创造出局部的人数优势，从而为你和你的队友突破或进攻创造出空间，或使防守球员失去平衡。

你是怎么决定的呢？首先你要知道有几种选择，然后通过比赛和训练的经验，得出哪些处理方式是最有效的。你还要改变你的跑动方向，这样盯防你的防守球员就不知道你会去哪里接球。

当你做好接球的准备，但是队友没有把球传给你时你应该怎么办呢？你重点要做的是不停地跑位，不在原地停留。通过跑位来让防守球员不停地跟着你移动，然后你重新组织进攻，并分析场上形势，继而为下次的进攻不断调整自己的位置和决策行为。

你在看比赛的时候，试着去观察一名核心球员，看他的接球位置和跑动路线，不断地问自己他为什么能够这样做，并试着判断他下一次的跑动路线和决策行为。你阅读比赛的能力越强，你在比赛中做出的决策行为就越好。

13

三角支援

控球

　　当你的球队控球时，球员的决策很重要。做决策一个好的办法就是想象全场有很多个三角形。当你持球时，你是三角形的一个点，三角形中的另外两名队友提供支援。当球移动时，球员们形成的三角形也跟着移动。当球在你脚下时，你可能和不同的队友处在一个或一个以上的三角形中。你如果是中场球员，那么你和左路、右路、身前和身后的队友都能形成三角形。三角形的形状决定了传球的纵深和宽度。这些三角形可以有不同的大小和角度。无论球在哪里，球员需要随球改变自己所处的位置去组建新的三角形。

　　三角形强调无球队员的跑动。因为球是不断移动的，你和你的队友需要不断移动去保持三角形。随着球的位置改变，球员原本所在的有利位置就不再具有优势。每一次球的移动都不需要球员有大幅的位置变化，但是球员需要调整位置来创造空间接球或者是支援持球队友。见图2.8。

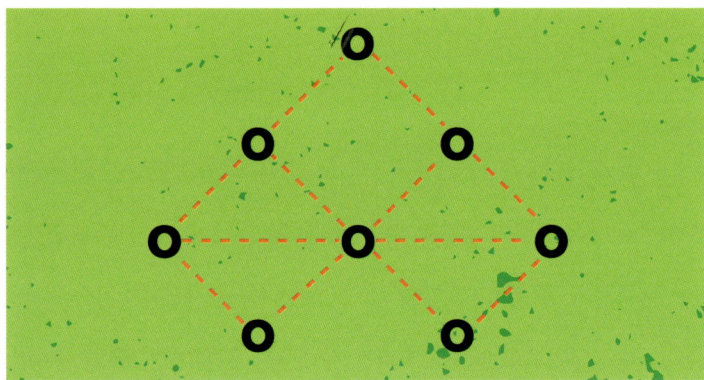

图2.8

　　练习三角支援时，可以做3对2保持一定距离的训练，球员随着球的每次移动而调整位置。显然，你需要有很好的技术和很好的选位来保持球权，确保选位能够完成下一脚的传球。很多时候，你需要一脚出球，不断地思考"哪里才是保持控球的最佳位置"。这种 3 对 2 的练习可以很好地转化为实际比赛的情形。

进入正确的位置接球、再传球是很重要的。最重要的是，当你处在正确的位置上时，要有正确的技术去做出正确的决策。不断提高接球能力，这是一个持续练习的过程。

14

接应持球队友

控球

当队友持球时，你需要处在一个既能够支援队友又能帮助球队控球的位置。记住：盯防你的防守球员不想被突破，因此他才组织防守不允许你和你的队友在他们身后持球。为了保持控球，你要给队友提供向前传球和向后传球的空间选择。如果队友有多个传球选择来维持控球肯定是最好的。见图2.9。

要在横向传球的位置接应持球队友，同时让你自己、队友和球成90°角。理想状态下，你应该在4.57~9.15米（5~10码）之外。如果你离持球队友太近，盯人防守的球员就可能对持球队友施加更大的压力，其他盯人防守的球员就可能形成夹击，这样持球队友再传球就容易丢失球权；如果你离持球队友太远，防守球员会迅速上前拦截传球。

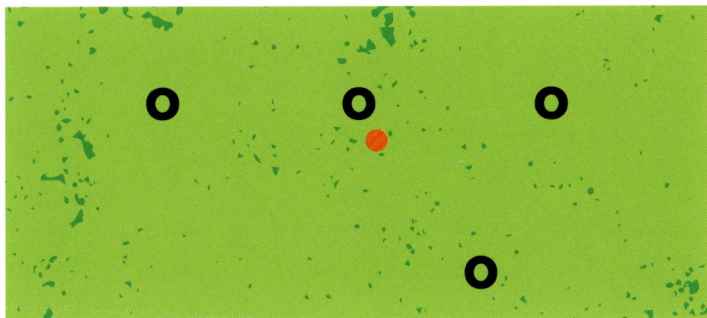

图2.9

你如果站在队友身后接应，那么一定要口头让他知道你的位置。一句简单的"身后"就行。如果你要说明自己的位置，你必须处在一个空当，因为你的队友并不知道他身后是否有防守球员。就距离来说的话，在距队友身后4.57米（5码）以上会更好。你如果离队友在4.5米以内，球传到你脚下时，盯防你队友的球员就会过来夹击逼抢，让你很快有更大的压力。

如果防守你的球员帮助他的队友形成夹击来防守你的持球队友，那么你应该主动跑动，吸引防守你的球员离开持球队友，给持球队友制造空间。同时你应该让你的对手一直进行防守，这能够帮助你们的球队掌握比赛节奏。作为一名持球队员，你会希望队友们能够主动创造更多的接应点，这样你才有更多的传球选择，更容易地完成传球。

> 如果你在一个接应位置站了很长时间还没有接到球，那么你可能需要移动换一个位置。

15

传球和跑动

控球

当你的球队控球时，传球和跑动是很重要的。一个站在原地踢球的球队可以通过跑动变得更好。你如果在传球后待在原地，就会很容易被对手盯防。但是，你如果在传球后就跑动，防守你的球员就会紧随盯防你，他就不太可能去帮助他的队友协防。

在某种情况下，比如传切配合，持球队员在传球后必须要移动。绝大部分的传球都能形成传切配合，持球球员在传球后只需要向防守球员身后跑动即是一个成功的传切配合。这些跑动不一定是冲刺跑，但应该具有战略性。跑动应该逃离防守你的球员的视野，所以盲侧跑动是一个不错的战术。在传球后跑动为队友创造进攻空间通常是有效的战术方法。

你的传球虽然是为了控球，但跑动到一个稍微不同的位置会制造一个不小的空间，同时让你进入到更加开阔的接球视野中。一名后卫将球传给另一名后卫或者中场球员是正确的传球选择。你如果把球传给中场球员，盯防你的前锋球员将转身去帮助队友夹抢（优秀的球员将会沿着刚才的传球路线去夹抢，防止球再回传给你）。你如果移动到另一个位置，就能够打开一个传球通道，而正在夹抢的前锋球员就不能同时兼顾你和球。

你传球后跑动也会让防守球员一直移动。你如果让防守球员离开自己的防守位置或者让自己处于空当，这就会更加有利于你的队友进攻。防守球员通常会压缩空间和占据空间。传球和跑动可迫使防守球员离开防守位置并形成空当。

在球场上，如果你站在原地，那么防守你的球员也只需站在原地。同理，如果你的球队在场上也是站在原地踢球，那么防守球员也只需要站在原地进行防守。传球和跑动能够改变比赛节奏。

16

危险的边路进攻

得分

　　足球比赛的侧翼即为边路。最常见的侧翼进攻球员为边前锋、边前卫和边后卫。很多人认为侧翼进攻就是传中，大多数情况可能是这样的，但侧翼的进攻方式不仅仅只是简单的传中。见图 2.10。

　　从传中来说，45°传中——你可以从离球门线 18.29 米（20 码）甚至更远的地方进行传中。45°传中一定是传向远门柱的位置，你需要确保队友能够接到你的传球（前提是队友没有处在越位位置）。更具威胁的传中是底线传中——可以把球带到更接近底线的位置

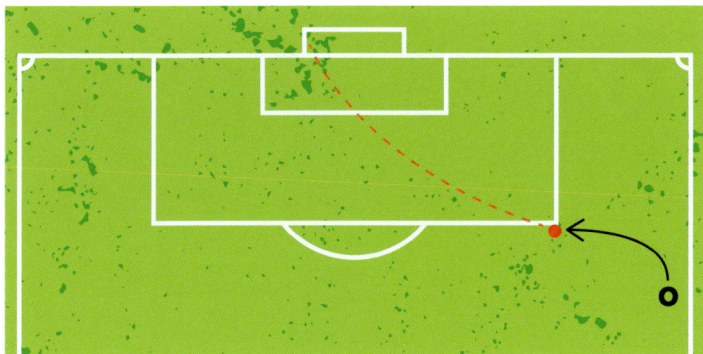

图2.10

大力抽射，然后大力地将球传到近门柱，传一个高吊球到罚球点附近或者传一个高吊球到远门柱。

下面来看看进攻时没有选择在边路传中的情况。当你将球运至底线，处于 1 对 1 的情况时，你可以尝试直接突破防守球员向近门柱运球。即使你没有完成突破，也能获得一个角球。持球向近门柱移动意味着守门员必须保护近门柱，此时你的队友面对一个开放的球门——如果你能够传一个完美的地滚球，那么队友就很容易完成射门。

另一种不传中的进攻方法就是内切向罚球点方向移动，然后用脚内侧完成兜射，通过脚内侧兜出的弧线球向着远门柱方向射门——守门员很难扑救这种球。

当你想要从边路完成突破时，速度要快。记住：你的对手不想输球，防守会更严密，你就要合理地利用边路空当进攻。

17

让 5 对 2 变得有意义

控球

5 对 2 是一个能提高传球能力和分析理解比赛能力的好方法。许多教练用 5 对 2 作为训练前的热身活动。简单来说，就是 2 名防守球员在一个限定的区域内对 5 名进攻球员进行防守。球员能力越强，限定区域也越小。5 名进攻球员在限定区域内传控，2 名防守球员尝试获得球权或者将球破坏踢出规定区域。一般来说，2 名防守球员中的 1 名球员获得球权或者将球破坏踢出规定区域，他就成为 5 名进攻球员中的一员，失去控球权的那个人变成防守球员。见图 2.11。

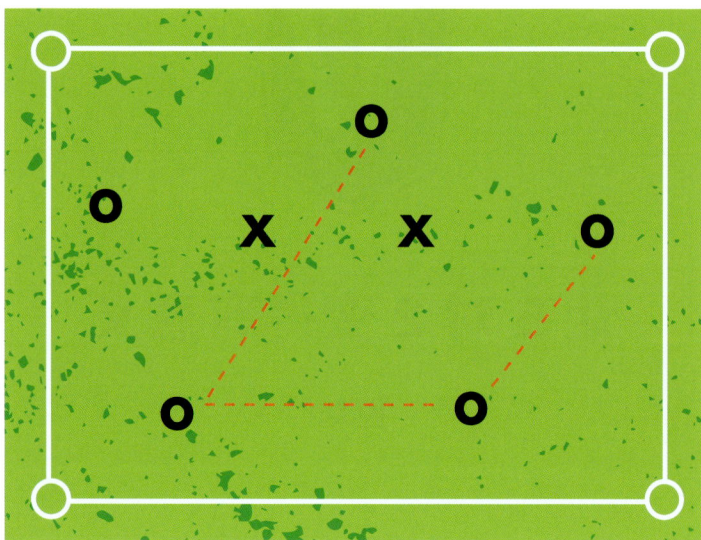

图2.11

　　就传控来说，球员们通过跑动制造出传球的空间，便于球员能接到其他队友的传球。所以，传控的 5 名进攻球员应该随着球和球员位置的移动而调整自己的位置。5 对 2 训练也可以通过缩小传控的限制区域或者限制球员的触球次数来增加难度。

　　如果限制进攻球员每次进攻时触球最多两次，那么他们必须进行跑动和选位。球员能接到传球是一回事，接到传球的同时还有下一个传球的选择就完全是另一回事了。为了不让自己变为防守球员，你应该时刻注意队友之间的传球，提前考虑球的走向。当触球次数限制为一次时，这个练习将会变得更加困难。如果你能将 5 对 2 练习中的动作行为应用于更大的场地，那么你就会在比赛中变得更加优秀。（你也可以认为比赛场地由很多个 5 对 2 的小区域组成。）

5 对 2 练习方式的进一步延伸就是在练习中加入运球和快速的步法练习，限制每名进攻球员必须至少触球 5 次。

当区域变得更大时，进攻球员在接到球后必须运球，然后再寻找空当传球。你在运球的同时应尽量抬头观察，这样才能找到合理的空当将球传给队友。

合理使用技术和跑位，让防守球员无法阻止你。学习和观察有效的技术，然后去实践。这样你会变得越来越优秀。

你可以坚持自己的目标，也可以只是做个样子，安于现状。但这一切都是为了工作。

——克里斯汀·莉莉(KRISTINE LILLY)

18

用弧线球控制球权

控球

弧线传球可以提高球队控球和进攻的效率。

控球球员最常用的方法之一是通过弧线球把球传给球门附近的队友。你在运球向前时，有一名防守球员站在你和队友之间，此时可以通过脚内侧踢一个弧线球，使球旋转绕过防守球员而到队友的脚下。回传球比传弧线球更加容易。因此，相比直传给队友（传至队友身前），用弧线球传给队友会让他拥有更好的射门角度。如果你传的是弧线传球，那么队友就更容易处理球，从而增加了队友得分的机会。

你的队友如果正在边线移动，你就可以通过脚内侧或脚外侧踢弧线球长传给他们。球的旋转方向要有利于队友在跑动中接球。如果是直传球，传球的时机、速度和准确度必须完美贴合队友的跑动，这样队友才能更容易地处理球。使用弧线球就有更多的机会完成长传球和突破防守。即使防守球员处在一个有利于防守的位置，你用弧线传球绕开防守球员也可以保证传球成功。这样会有利于球队控球和取得比赛的胜利。

你要学会用脚的各个部位踢球。你在踢弧线球时，只有提高准确性，才能成为更优秀的球员。

19

在 1 对 1½ 情形下的防守

防守

　　个人防守在身体上和精神上都具有挑战性——你虽然不想被进攻球员突破，但观看的每个人都知道你被进攻球员突破了。所以，你要提高个人防守的成功率，同时也要帮助队友提高防守的成功率。在 1 对 1 的情形下，你需要队友协防或你需要帮助队友防守，要寻找 1 对 1½ 情形。见图 2.12。

　　1 对 1½ 情形是指，如果进攻球员持球突破了你，那么最近的队友靠近你参与协防。当进攻球员正处在一个横传的位置时，第二防守球员首先考虑的是不让进攻

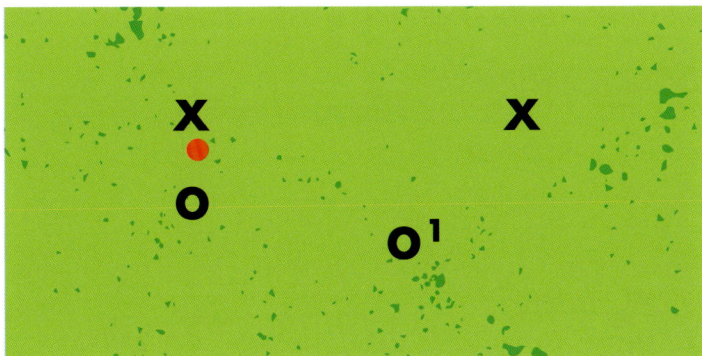

图2.12

球员得分，再去考虑协防。如果你的队友盯防的球员处在一个不太有机会进球的位置，对方持球球员运球又突破了你，你的队友可以过来协防。你的队友应该口头传递信息，让你知道你的左侧或者右侧有协防。然后，你作为第一防守球员，需要改变站位来阻挡对方的进攻路线。例如，你的队友在你右侧协防，你就要向左站位以阻挡对手向左侧路线进攻，这时对方进攻球员只能向你队友的一侧运球，这样你可以有更好的机会加强盯防。这样的防守会让你成为一名优秀的防守球员。

　　如果你在边路进行 1 对 1 防守，可以迫使你盯防的球员向边线移动。此时边线将会成为你的另一个 ½

防守球员，因为边线是固定不变的，如果球出界，那么你的球队会获得球权。

交流是防守中特别重要的一个环节。理想状态下，球员通过交流可以感知场上的所有情形。在交流中，你可以帮助队友防守，防守的队友也可以同时看到你和你给出的信号，以及其他人的信号。

20

拉开空当的跑动

控球

　　高尔夫是一项需要团体合作的个人运动，而足球是一项需要个人能力的团体运动。球队成功的关键在于球员之间的沟通。球员应该在对球队最有利的时机选择运球、传球与射门。见图 2.13。

　　在球场上还有其他微妙的情形。一种是假动作传球，持球队友会把球传给比你的位置更好的队友。这种传球、射门和运球的情形更容易被观众注意到。有一种不容易被注意到的情形就是为队友创造空间的无球跑动。

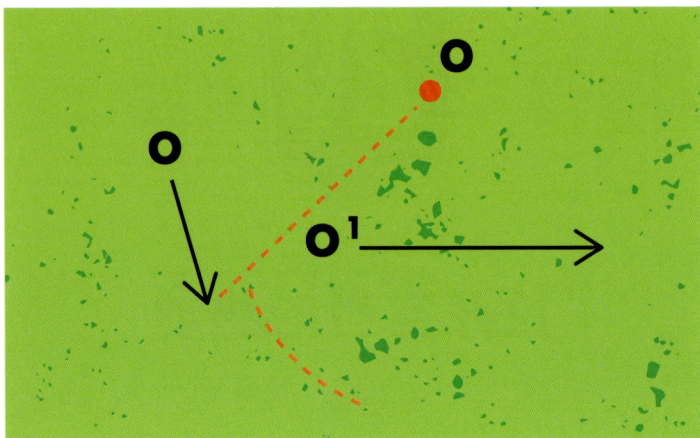

图2.13

　　作为一名高效率的球员，你需要分析理解比赛并帮助球队获胜。有这样一种情况，队友在边路下底并摆脱了防守球员。你所在的位置可以接住队友传来的球，但是比较危险。如果你站在原地，防守你的球员可以抢断传球，或者去盯防你的队友，这时需要一个无私的队友跑动来拉开空当。如果你想通过跑动来为队友拉开空间，应该在队友传球之前，从另一队友接到球的地方开始跑动——防守你的球员肯定会跟随你移动，其他防守球员也可能因为你的跑动而分心，你的跑位可以为队友创造出了边路的空当。

拉开空间的跑动可以让球队的进攻更为流畅。你需要了解比赛，提前做出预判。一个简单的跑位突破防守，可以让一次普通的进攻变为一次有威胁的进攻。

比赛是最好的老师。从比赛中学习经验，把学到的知识运用到足球场上，你就能为团队提供更多的帮助。

难度等级

21

面对人墙的进攻

得分

你的球队如果在罚球区外获得任意球，且距离球门较近，就很容易形成得分机会，这时候对方防守球员会设人墙来防守。罚任意球前，要把球放到犯规地点。当人墙建好后，首先，观察是否有快速直接射门得分的机会，因为这时候守门员还未及时回位。然后，观察是否可以把球传给不越位但处在威胁位置的队友。记住：除非你要求裁判规定人墙设在离球9.15米（10码）线外，否则你可不听裁判的哨音罚球。如果你成功快速罚球，同时得分，你就会很庆幸把球放到犯规的地点，这样裁判也不会因为你把球没放在正确的位置而判罚违例。见图 2.14。

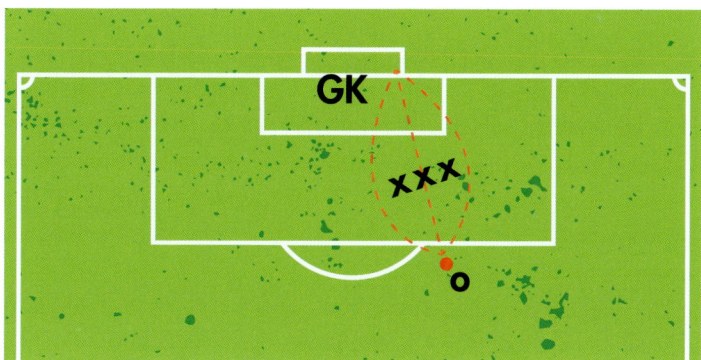

图2.14

如果快速射门与传球给威胁位置的队友这两种情形都不可能实现，那么只能让球绕过人墙与守门员才能完成得分。合理的人墙会封堵近角，剩下的空当交给守门员。你如果直接射门，会被守门员封堵或者被人墙拦截。想提高射门得分的机会，要么用弧线球打远角，要么直插打近角。

如果不选择直接射门，让队友传一脚球，再找一个更好的角度绕开人墙射到后门柱，那么队友的传球无论向左还是向右需非常精确，这样给守门员调整的时间也会非常少。

在罚球时，队友的无球跑动也很重要。例如，队友可以在罚球前跑动到人墙外围，如果防守球员没有注意，你就坚定地把球传给他；如果防守球员为了盯人而从人墙中离开，那么近门柱的位置就有了射门的空当。

在罚任意球时，有两三名球员站在任意球前，守门员就很难判断由谁来主罚，也可能是进攻方的队友从人墙外冲刺到罚球区内接球。越复杂的配合，对进攻方越有利。

22

压迫防守

防守

在防守时，最重要的就是对持球球员进行压迫。如果压迫获得成功，那么就很好地限制了对手。施压的防守球员需要尽可能接近持球队员，同时不能失去防守位置。当压迫一个非常有天赋的球员时，需要尽可能减少他的活动范围。当防守一个技术不太熟练的球员时，情况正好相反，应该尽可能地接近他。无论哪种情况，你都不能被对方运球或战术配合突破。在与一个速度非常快的球员对抗时，你应该调整自己的位置。

当你对持球球员进行压迫时，你的防守目的就是阻止对方球员向前渗透传球。最好的情形就是你尽可能接近防守球员，同时也未被进攻球员突破，进攻球员只能横传或者回传，这几种传球都不会打乱防守阵型。最好的处理方式是让进攻球员横传或者回传，同时你的队友第一时间再次进行压迫。如果你的队友持续压迫使得进攻球员只能横传或者回传，那么对方就不能形成有效的进攻。

记住，不要轻易失掉防守位置。如果你抢球失败，球队就要因为你的失误而调整整条防线。通过压迫防守来稳固防线，你的团队会成为一支坚不可摧的球队。

1对1的练习可以很好练习压迫防守，可以让你感受在不被突破的情况下紧贴你盯防的球员。提高脚下的移动速度，增强上肢力量，会让你成为一名优秀的防守球员。

23

协防

防守

在足球场上，协防球员的重要性仅次于进行压迫球员的防守球员，这个位置被称为第二防守球员。在任何一种情形下都不应只有一名防守球员。作为一名协防球员，你应该选择通过移动就能截获对方一次传球的位置，这通常与持球队员成横向位置。当对方持球球员将球传给你盯防的球员时，你的任务是尽可能靠近他，压缩其进攻的空间。如果正在进行压迫的队友被进攻球员突破了，你需要及时补位压迫进攻球员。从位置上讲，如果进行压迫的队友被进攻球员持球突破了，你就需要离开你的防守位置，补位到进行压迫的队友的位置上去。记住：如果球传给你盯防的进攻球员，那么你仍然需要对他进行压迫。

如果你选择了一个好的协防位置，那么队友的防守将会变得简单。如果你已经处在好的防守位置，就要及时口头告诉队友你可以及时协防。如果你在队友的右侧，可以喊"右边，我的"。

当进行压迫的球员知道有队友协防时，他可以将盯防的进攻球员引向协防队友，同时堵截另一边。当你有一个好的协防位置时，队友会额外多半个防守球员。当进行压迫的队友有你协防时，他就可以更放心地压缩与进攻球员的距离了。

第一防守球员左右两侧有时会各有一名协防球员，在这种情况下，进行压迫的球员会不断缩短与进攻球员的距离，持续向对方进行压迫并使对方犯错。如果协防球员像一个团队一样有良好的口头沟通，那么场上的每个人都是1对1防守的好手。

球员在球场上的交流可以让团队更容易取胜。有时候，你要成为某些队友脑后的眼睛。

战术

24

防守保护

防守

当你在防守而没有直接面对持球的进攻球员时，你的角色就是防守保护球员。这意味着你不仅仅需要防守你的位置，还要保护你的队友。即使如此，你也仍然需要离你的防守目标足够近，这样就可以在对方接球时接近并压迫他。

作为一名防守保护球员（可以同时有多名防守保护球员），你需要寻找危险的区域和具有威胁的进攻球员。例如，有一名进攻球员速度较快，球传到了他脚下，或者进攻球员将球长传到了后场的空当区域，你需要迅速改变位置来保护队友。你此时进行保护，就需要尽可能接近接球的进攻球员，同时给予压迫，但也要兼顾对其他同伴的保护。

如果你盯防的球员在边线，球又在另一边，你需要靠近中路进行保护。你不能成为比最后一道防线更后的球员，如果球离开了边路，打到了中路区域，你需要靠近你盯防的进攻球员，因为对方会通过更少的传球以及用更少的时间在中路持球进攻。此时你仍然需要对队友进行保护，但你不能像之前那样去中路或后场防守。

作为一名防守保护球员，你的职责是分析理解比赛，同时预判球即将发展的路线以及防守危险的区域。当球移动时，你要根据情况调整自己的防守位置。一开始你只是新手，当练习多了，就会成为一名经验丰富的老手。

你看比赛的时候，需要观察和你的位置一样的球员，看他们是如何根据自己的位置、球的位置而调整防守位置的。

25

拉开防守

控球

作为一名进攻球员，你虽然没有接触到球，但是你的选位和移动也能够帮助球队更好地控球。进攻时，你的球队会从宽度和纵深拉开对方的防守，防守的空间被拉开得越大，进攻球员接球的时间和空间就越多。见图 2.15。

如果你是一名边路球员，此时你的球队正在控球，你需要更靠近边路进攻，如果防守球员紧跟着你，你需要通过在边路其他位置的移动将防守球员对球的注意力转移到你的身上；如果你是一名前锋，你应该负责把

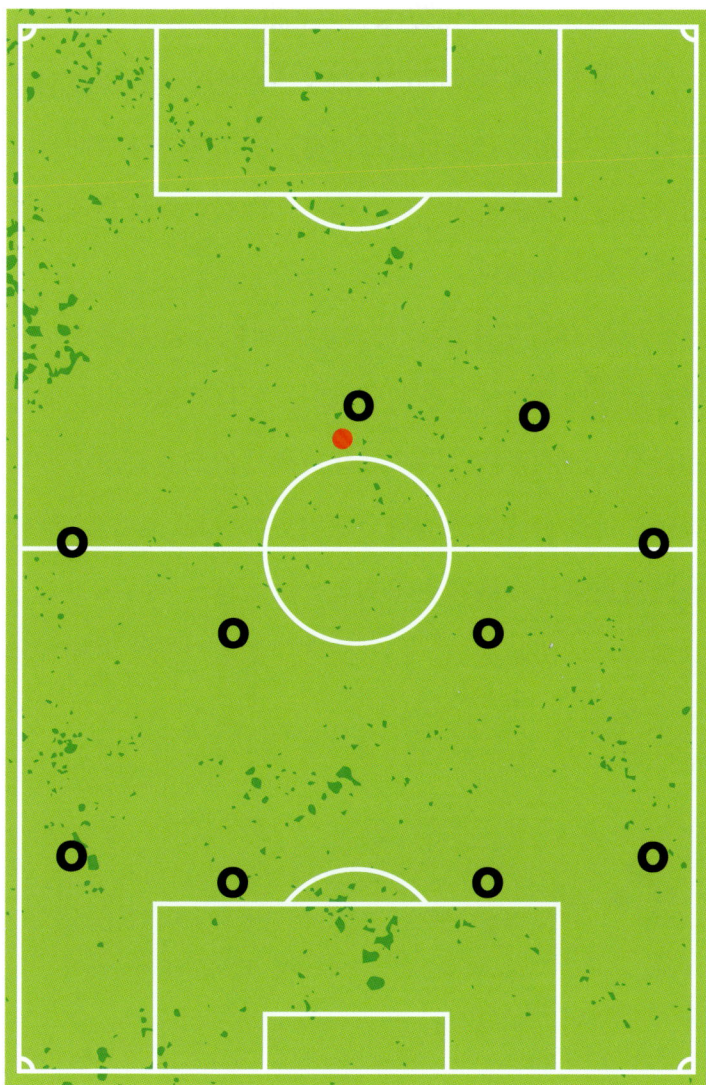

图2.15

防守的纵深拉开，可以进一步前压或者在防守位置允许的前提下尽可能地靠前选位。当你处于越位位置时，你也可以跑向防守球员身后，通过吸引防守球员回身盯防来创造更多的进攻空间。当然，你必须保证当球传给你时，你没有越位。

中场会有更多的球员、空间和机会创造进攻。中场球员要明确在球队获得球权时，要拉开纵深以及前锋和后卫之间的距离；当防守球员离开他们紧密防守的位置时，控球和传渗透球将会变得更加容易，这也会给你和队友更多的空间和更多的选择处理球，同时减少对方紧逼防守的协防次数。拉开防守、创造空间会更加有利于进攻。

可以通过跑位来摆脱防守、协防或保护，从而帮助球队进攻。

26

难度等级
●
●
○

罚球点球

得分

当球员被判罚球点球时，对于进攻球员来说是个很好的得分机会。事实上，罚丢球点球被会使进攻球队士气受挫，而防守球队会备受鼓舞。在 11 人制足球场地中，点球点的位置距离球门 11 米（12 码）。教练会挑选一名善于罚球点球的球员主罚球点球。罚球点球的球员必须向前连续移动并将球点球踢出。球点球被踢出之前，守门员必须保持脚在球门线上。然而，在罚球点球之前，只要守门员的脚在球门线上，他就可以在球门线上左右移动。见图 2.16。

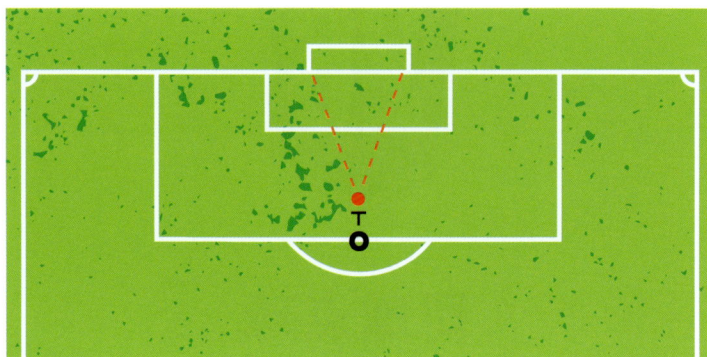

图2.16

　　有经验的守门员会猜测球点球被踢出的方向，并在球被踢出时做出扑救。有些守门员会注视主罚球员，试图观察主罚球员是否泄露踢球的方向。所以，当你主罚球点球时，你过早地打开身体以致于只能将球踢向一边，从而向守门员泄露了想法。

　　你练习用惯用脚踢球就可以将球踢向不同的方向。你不能踢出贴着横梁进的球（将球踢得太高，球会接触到球门上方的球网），因为这种踢球的方式会让你犯错误，球可能会从球门上方飞出。最好的方式是你的脚紧贴地面踢球，这样会迫使守门员奋力做出扑救。

　　从心理上来说，你如果在助跑时有信心，清楚自己会将球踢向哪个方向，那么踢球时就会充满信心和力量。

记住：在罚球点球时，如果球击打到横梁或立柱而被反弹回来是不能补射的。如果守门员将球扑出，你可以补射。

27

防守近距离间接任意球

控球

当你的球队正在防守球门前的近距离间接任意球时（9.15 米），所有球员需到达自己的位置。每一个球员都要尽可能迅速到达球门线上，当其他球员排人墙时，有一名球员要站到距离球很近的位置，为队友的回防争取时间。你如果站在球前，要注意，当你没有及时退到规定距离之外，裁判员会警告你。见图 2.17。

球队中的 11 名球员都要站在球门线上。如果球在场地中间，守门员站在球门线上，两侧各有 5 名球员形成两道人墙。两道人墙要给守门员留足够的空间，人墙

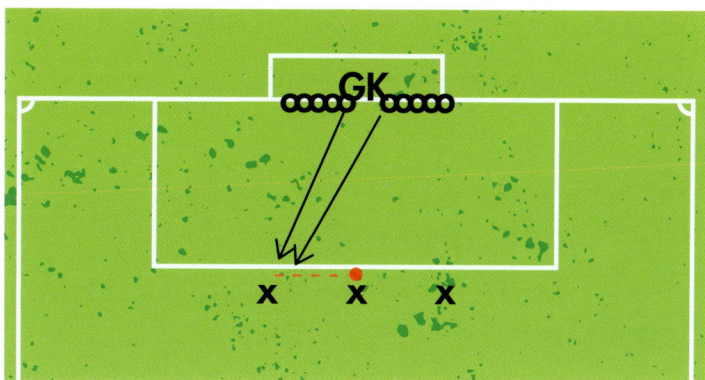

图2.17

之间大约有 1.83 米（2 码）的距离。踢间接任意球时，
必须有 2 名球员触球。通常情况下，进攻球员会将球拨
向两侧。当球被拨出时，两道人墙中的 1 ～ 2 名球员要
跑向球，并试图阻止射门，双腿要紧闭，防止球从两腿
之间穿过。两道人墙中的其他 4 ～ 5 名球员要紧靠在一
起，在球门线上向上跳，给进攻球员制造更加困难的射
门角度，使其很难将球射进。守门员应该向前移动一步，
缩小射门角度，准备扑救对方球员的射门。

　　在射门时，球很多的时候会打到球员身上，落到
球门前危险的位置，很容易被插上的球员捡漏。此时，
所有防守球员都有责任将球踢到安全的地方。守门员应

该指挥本方防守球员准备在对方将球踢出后出击解围和防守，确保球门安全。

> 主罚球员最初的传球可能是为了引诱守门员出击，这有时候是非常有效的手段。如果球被射偏形成门前的危险球，此时守门员就失去了位置优势，那么守门员要指挥队友快速移动到危险区域。

28

长距离任意球

得分

　　当你在中场获得一个长距离任意球时（从中场距离球门约 32 米，即 35 码），你可以通过它制造威胁，但是防守球队会搭建人墙为守门员的出击和获得球权创造空间。许多时候，人墙会设置在罚球区顶部约 16.5 米（18 码）的距离。你作为主罚球员，可以让球越过人墙，从而让防守球员转身面对球，这样会使得防守球员的解围变得更加困难。当你将球踢出时，你的队友应该跑向球门，同时保持不越位，试着用头或身体的其他部位去触球。球的落点应该在球门前，并且离球门足够近，

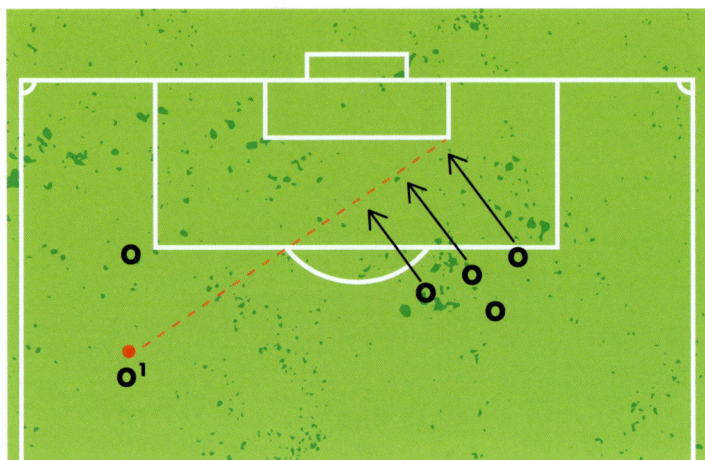

图2.18

让守门员用手处理球时要考虑避免与对方防守球员和自己的队友发生冲撞。见图 2.18。

你如果没有将球踢过人墙，就会面对防守球员的反击。然而你的队友会认为你能踢出一个好球，他们已快速跑向罚球区。防守球员会在你的队友之前看到你踢的短传球，他们会在你的队友转身之前轻松获得球权。所以，你踢出的球的质量是球队能否得分的关键。

你如果能踢出一定角度的长距离任意球（不能踢向守门员），使球越过人墙飞向远门柱，这会让守门员无法触及球。你将球踢向远门柱，不仅能为队友争取时间到达该位置，还能让守门员离开球门。直接射门或传向远门柱的球会比较有威胁。

你的球队要确保在远门柱、中间点和近门柱都有球员包抄到位，队友能够接到你直接传来的球或者其他队友的两次、三次的传球，或者是防守球员解围失误的球。

29

进攻型间接任意球

得分

当对手被判罚间接犯规时，你的球队将获得一个间接任意球。如果罚球点距离球门 9.15 米以上，并且是一个很有威胁的射门位置，那么你就需要计划如何提高射门得分的概率。这时对方将会搭建人墙保护近门柱，对方守门员会站在保护远门柱的位置。

球必须在第二次触及才能射门，因此，你可以将球横传给几米之外的队友，也可以将球传给人墙内或人墙外的队友。人墙两侧都有进攻球员的安排会让对方守门员和防守球员不知道球会从何处射出。球员在接到传球以后，直接大力射向人墙保护的球门。你如果将球传向外侧，人墙会保护远门柱，守门员会保护近门柱，若球速很快，守门员来不及准备，你就有打门的机会。你如果将球传向内侧，守门员则不能离开球门向前，若守门员离开了，你就可以打远门柱。

大多数球队都会在人墙末尾的内侧设置防守球员。当你将球传向内侧队友时，对方就会迅速地跑向球。因此，快速的传球和射门就变得非常重要。

你可能希望队友跑动要球，并跑向人墙外侧，因为这样会吸引人墙末尾防守球员的移动，进而给射门球员创造更多的射门机会。当然，迷惑性的传接球也会让守门员很难猜测谁会完成射门。

热衷于每一件事，就像紧绷的吉他弦一样跳动着。

——贝利（PELÉ）

战术

30

了解你的对手

防守

比赛前，你一般只会了解对手的排名和阵型。当涉及到某个球员的具体信息时，你了解的可能很少。比赛本身也是学习的过程，当你在看比赛的电视转播时，可能经常听解说员分析球队的情况。你的对手可能喜欢从边路进攻、踢长传球、后场控球和踢高远球等。无论他们有何种能力，你都需要去了解他们。

你作为一名独立的球员，需要了解你所盯防的球员以及盯防你的球员的习惯，这样你才能在比赛期间对你盯防的球员拿球做预判。你盯防的球员可能速度非常快，控球非常熟练，也可能缺乏一些技能。在与对手有1~2次交锋后，你应该了解他们处理球的能力，他们有多快，哪只脚是惯用脚等都会帮助你在比赛时更好地盯防对手。你不要简单地认为对手只有特定的优缺点，最好是保持谨慎而不冒险。

一旦你判断出对手的实力，你在球场上做出的决定会更加有效率。如果对手能力不足，你就紧逼给他压力；如果对手很快，你就给自己留出更多的防守空间；如果对手惯用一只脚，你就把球逼向他的弱侧脚。

当你持球时，需要明确对手防守的相对优势和相对劣势。如果对方球员 1 对 1 的能力差，你要抓住机会，用最好的方式过掉他。

比赛结束后，你的教练应该能够从你那里获得关于你盯防的球员的优缺点的情报。因此，从每场比赛中了解你的对手非常重要。

31

守门员的站位

守门

　　守门员是球队里非常重要的一员。一般来说，守门员虽没有场上其他队友那样的脚下技术，但是守门员拥有特殊的优势。球场上，守门员穿着不同的衣服，可以在罚球区内用手持球，而且在罚球区里不能被其他球员侵犯。守门员之所以重要是因为他要保护好球门。见图 2.19。

　　守门员虽然在比赛中大多时间都是自己一个人，但是守门员的位置感是在每一场比赛中与队友一起练习得来的。众所周知，当对手射门时，守门员需要处于

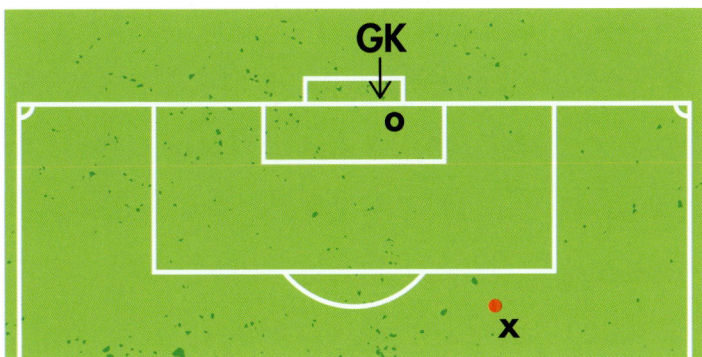

图2.19

良好的位置。简单地说，守门员需要保护近门柱，通过离开球门线（门柱之间的线）来缩小对方射门的角度。如果一名球员从一个角度射门，守门员需要在球门前调整位置。很多球都是大力射向近门柱，守门员扑救时，宁可让球飞出界外让对方得一个角球也不能让对方进球。

当球在中场或者对手半场时，守门员的位置仍然很重要。守门员在任何时候都应该在球和本队球门之间。球在哪里，或者哪支球队拥有控球权决定守门员距离球门线有多远。守门员很多时候要站在罚球区外，要随时准备好从罚球区出来拿球，无论是解围还是传球给队友。

当球队从后场组织进攻时，守门员也需要充当额外的后卫。根据教练的战术安排，守门员需要在场上保持中心位置，并且拥有良好的技术。这可以让球队多一名额外的球员，让球队的进攻更具威胁。

一些守门员认为自己拦截射门就足够了，这种想法是错误的。守门员需要先组织进攻后稳固防守，需要通过训练拥有良好的脚下技术和踢球能力。

32

守门员用球门球开始进攻

守门

　　守门员不仅是最后一道防线，还是进攻的发起者。守门员一旦在比赛中用手拿住球，只有 6 秒钟的时间出球。当你踢高空球和反弹球时，你认为将球尽可能踢到最远的地方最好，这其实是一种错误的观念，因为防守球员正面面对来球，同时球在空中长时间飞行的方向随机，两队拿到球的机会各有百分之五十。所以，守门员应该把球踢给一个处于空当的球员，并且让球保持较低的飞行轨迹，这样球就可以更快地到达你的瞄准点，从而增加球队控球的机会。

在踢球门球时，你也可以为球队保持控球权，可以把球放在离球门中心 5.49 米（6 码）远的球门线上发动远距离长传。这样，当你踢得不准而让对方赢得球权进攻时，你还处在有利的位置。球需要踢得足够高才能越过第一道防线，需要有足够的速度才能尽快到达队友的脚下。你想要提高控球概率，就要像踢高空球和反弹球一样，尽快地将球传给处于空当的球员。

在发球门球时，你也可以从后场的第一个传球开始帮助球队控球。大多数情况下，将球传给边路防守的队友，他在罚球区外的侧翼接球。当然，不要将球传给被防守球员盯得很紧的队友，而要传给准备好支援你的队友。队友在完成一个短距离的传球后，球可能会回传给你，然后由你帮助球队从后场组织进攻。

守门员需要在比赛中能够用脚踢球，可以通过稳定和准确的传球为球队的成功做出贡献，帮助球队保持控球。拥有优秀的脚下技术，你会成为一名更优秀的守门员。

33

难度等级

守门员保持球的运行

守门

　　作为一名守门员，当你接到队友的传球时，不能用手去接球，必须用脚踢球。有时，你会立刻面临压迫，需要将球处理出去。在这种情况下，你需要知道你的队友在哪里，然后有方向地处理球。你如果没有防守压力，可以将球传给空当的队友以保持控球权。很多时候，你需要完成一侧到另一侧的进攻转移。

　　当你用手控球并且想要保持控球权时，可以用手抛地滚球的方式将球传给队友（保龄球技术）。一个短传的地滚球是把球传给队友最有效的方法，球以一定的速度滚动保持在地面上，你的队友会更容易接到球。你抛球或者传地滚球给你的队友一般是在边路完成的，因为这里的防守球员较少。因此，传好球是非常必要的，让对方进球已经够糟糕的了，但由一个糟糕的传球导致的进球会更糟。

在中距离传球时，保持控球权最好的方法就是手抛球。需要说明的是，不能把球像扔棒球一样扔出去，应该用手抓住球，伸直胳膊，将球从头顶抛出。只有将球抛到你的队友脚下，球队才能保持控球权。

要迅速决定将球抛向哪里。你等的时间越长，对手就会有更多的时间来组织他们的防线，从而很难成功分球。

分球是守门员的一项重要技术。你可以与队友一起练习在压力下控球。通过训练，你的手抛空中球和手抛地滚球都会更准确。

34

守门员防守传中的禁忌

守门

　　行进间传中或罚角球时的传中是非常危险的。传中时，守门员的位置和出击的时机非常重要。在对方罚角球时，防守球队要确定是人盯人防守还是区域防守，或者是区域和人盯人的混合防守。同时，你的对手在罚角球时，守门员需要安排防守，提醒队友谁是最危险的，通常基于身高确保正确的对位。守门员在对方罚角球时的位置应该靠近球门线，面对球，靠近远门柱而不是近门柱，因为看着球向前跑比向后退容易得多。当球在空中飞行时，你应该评估球的飞行情况，然后决定是否能把它拿下。如果可以，就迅速行动，用手拿下。因为你比其他选手有更高的身高优势。

你应该什么时候出击拿球呢？在你有把握能拿到球的时候。如果你决定要出击，却没有拿到球，球门就会漏出空当，从而增加了对手得分的机会。为了拿到球，你需要保持耐心。想想禁忌原则吧，即比球晚一些到达。如果你过早移动，情形就会发生变化，并且你可能会处在你不想去的无人区域。

一个行进间的传中类似角球，只是球通常不从球门线定点发起。你需要扭头观察，帮助队友找到自己的位置。你的位置将取决于对方传球的位置，对方得分的概率，以及回防队友的数量。守门员防守传中和防守角球的原则是一样的。

守门员需要在训练中练习防守传中，并且利用自己的优势在可触碰的最高点接住球。因为守门员在头部高度接住球时，对手就有和守门员相同的时机来触球。作为守门员，你要学会利用优势。

35

一脚射门

得分

　　随着你的年龄和经验的增长，你的对手也在发生变化。比赛的节奏变快，球员的速度和技能也会提高。进攻会更快，防守会组织得更好。当你进入罚球区内，时间和空间也会减少，防守球员似乎无处不在，这使得两次或者两次以上的触球射门变得更加困难。防守球员会立刻靠近你，守门员则会处于一个良好的位置，所以这些条件使得进球非常困难。

　　在这种情况下，最好的方式是善于运用一脚射门。快速的一脚射门可以穿透对方后防线而不会在接球调整中被破坏。你有更好的机会抓住守门员随球的移动而留下的空当位置。

你要合理地击球，必须在球到达你面前时摆好姿势，不断改变身体姿势、预判球可能落在你脚下的位置。你要做好心理准备，要相信球会飞向你脚下。你必须做好射门的准备。然后，当一个球真的飞向你的时候，你自信且有力地射向球门直接得分。球可能撞在防守球员或队友身上反弹进入球门，也可能反弹到你或者其他准备补射的队友身上。此时敏捷的反应和占据位置是成功的关键。

大力而稳定地触球对射门很重要。在训练中，通过"机关枪"训练来练习一脚快速击球，即把很多球排成一排，你移动到球后，以尽可能快的速度用力射门。你不要后退去重新拿球，只需后退击球即可。

36

穿裆给比赛增加了一些乐趣

进攻

　　普遍来说，运球进攻的目标都是突破防守球员，击败对方，然后让自己处于一个有利位置，迫使防守球员重新回追抢球才能拿到球。球场上最令人兴奋的动作之一就是通过穿裆过掉防守球员。见图2.20。

　　你如果打算通过穿裆来过掉防守球员，要试着让他

图2.20

们的腿张开，让他们伸脚去抢球，让他们两只脚之间呈一个方形（两只脚离球的距离相同）。你快速触球通过空当，加速超过两脚平行开立的防守球员，在另一边得到球。此时，你可能会听到队友或者观众发出的欢呼声。一个好的穿裆过人是球员成功运球跑动的缩影。你将会发现，被你穿裆过掉后的球员，下次你再与他1对1对抗时，你会有更多的时间处理球。因为防守球员不想被再次穿裆，所以会给你更多空间。

你在训练时，要确保有足够的在密集空间里控球的练习，1对2是一个很好的训练方法。你运球的速度越快，你突破防守球员的方法就越多。

运球的目的是突破对手，保持控球权。你不要强迫自己做出华丽的运球动作，因为这样更容易失去控球权。然而，你确实需要在你的技能中加入一些不同的动作，等待机会出现。

37

漏球

控球

　　不触球让球继续按之前的路线运行称作漏球。漏球经常在角球战术中可以看到：当角球罚出，前点的进攻球员没有选择触球而是故意把球漏给位置更好的队友从而完成射门。有时候你可能被盯紧而没有太多的选择去传一个渗透球。如果一个球的运行路线是一个好的传球，那么你就不需要触球。你如果没有碰球，球落到了一个更具威胁的区域，而这个地方有你的队友而没有防守球员，那么就让球漏过去吧。见图 2.20。

　　漏球的关键就是要让防守球员以为你要触球。但

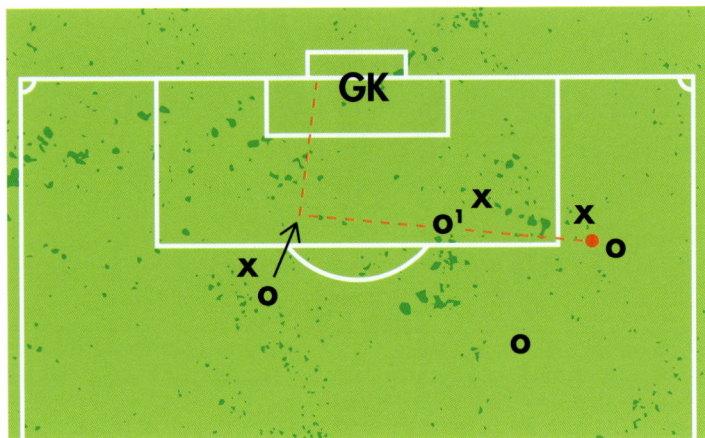

图2.21

是，你要确保球的运行路线上没有对方球员，以免弄巧成拙。当球快到你的脚下时，你要假装去触球，然后将球漏过。

因为每名球员都会倾向于预判对手接下来的动作，所以你假装去触球通常会迷惑防守球员主动上前防守。你可以假装要去追一个快要出界的球来消耗对手的体能。也可以做几个假动作，如护球时跨球1次或数次让球出界，以获得一个边线界外球。

在训练和比赛中，要不停地思考和学习。足球比赛是需要学习的，充分调动你的主观能动性去学习吧。

38

头球破门

得分

    头球破门是最令人激动的进球方式之一。因为这是一项很难的技术——防守球员不会让你在罚球区内很容易地用头顶球。即便如此，还是有一些方法能帮你提高这项技术。

    首先，你需要和守门员保持一定距离，并将球朝球门线顶。因为大多守门员都擅长处理高空球，朝球门线上顶球会让守门员朝地面鱼跃扑救。头球破门需要你用眼睛紧盯球，并且用力往下顶球。眼睛盯着球时，额头会朝下去顶球，因此可以瞄准到球门线方向。顶球

难度等级

的上部，让球朝下运行。

当球朝着你飞行时，大多数时候你会被防守球员盯防，所以你要判断好球的落点并早于防守球员起跳。用你掌握较好的头球技术将球朝下顶，就会提高进球概率。可以张开双臂来保持身体在空中的平衡。

如果球的落点在近门柱附近，就尽量用头把球蹭向球门的方向，利用球自身的速度来"借力"，给你一个很好的直接破门机会。此时对于守门员来说要迅速反应，对可能反弹的球做出扑救。

如果球的落点在远门柱附近，你就使用同样的技巧。如果对方守门员没有封近角（那样的话你就只用将球顶向近角，并开始庆祝进球），你可以把球顶向远角。如果球进了，那很好；如果球没进而造成守门员脱手，那么你的队友就有机会破门。

找准球的落点很重要，善于找落点会让防守你的人很难防住你。你跑动的时机也会帮助你赢得一个头球。

战 术

39

头球解围时安全第一

防守

作为一名后卫，你经常要面对来自对手的长传球。有时你需要用头来解围。一个好的解围意味着将球顶高顶远，当然最理想的还是把球顶给队友。头球解围同头球射门一样，需要双眼紧盯球，确保眼睛是对着天空而不是盯着地上，可以通过这个练习来提高你的头顶球技术。见图 2.22。

当对手从罚球区两侧传中时，你需要将球解围得高且远。你要确保球不能顶向如图 2.22 中的黑色虚线方向也就是两个球门柱之间的中线，这是一条处于球门

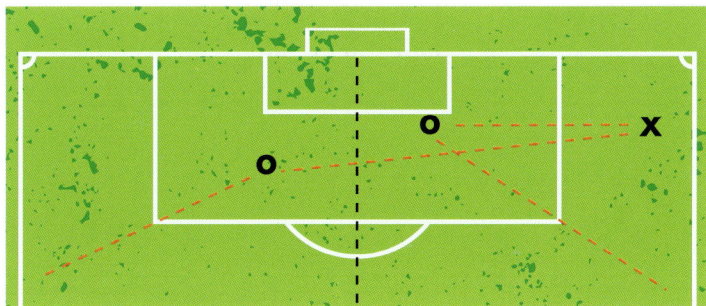

图2.22

中间的虚线。你将球沿着这条线解围，会大大提高对手得球并攻击球门的机会。所以，你如果在虚线的近门柱的位置，要把球顶向它来时的方向并且要顶高；如果你站在虚线的远门柱的位置，不要改变球运行的方向，顺着来球的方向将它顶高。有的解围头球即使没顶好也不会造成大的麻烦，但如果顶的方向错了，就会将球顶向黑色虚线方向，这无疑给对手送上了一份"大礼"。

当你面对对方一个直线长传时，可以顺着球的运行方向把球后蹭给自家守门员，这样守门员就可以安全地得到球并发动进攻。当你用头蹭球时，只需顺着球势轻轻地击球即可。大多情况下，与你争抢头球的对手都会以为你会把球顶向球来时的方向，于是他们会放慢速度，这样自家守门员就有充足的时间去拿球。

如果你是一名后卫，熟练掌握头球技术是必要的。你也可以通过拿气少的球、软一点的球或者类似的球做头球练习，如今在市场上很容易买到这些软球，用软体足球来练习头球会降低你受伤的风险。

40

用头传球来保持球权

控球

　　用头球解围时，你需要把球顶高顶远，首先是要远离危险，其次是希望能把球顶到队友身边。当你想用头球破门时，你会希望足球场上没有其他人——除了对方守门员从球网里把球捞出。用头来传球，你要做到与用脚传球一样熟练。

　　用头传球时，顶球的速度和方向很重要。为了让球的速度降下来，可以通过你的脖子来对球进行"卸力"。尽可能将球顶到队友的脚上，这可以让队友更容易控球。用头传球给队友或者守门员，这样可以让队友更好地控球。

你要通过大量的练习来提高用头传球的感觉，包括精确控制顶球的速度和方向。我们都知道，用脚完成一脚出球并不容易，用头一次出球就更难。熟练掌握所有的头球技术会使你成长为一名全能型的球员。

请记住：你用头球回传给自家守门员，他是可以用手抱住球的。你用脚传球给自家守门员，他则不能用手触球。

你必须为了实现梦想而奋斗。你必须做出牺牲并努力工作去实现梦想。

——里奥·梅西（LIONEL MESSI）

41

提高得分机会

得分

　　随着你不断进步，你的对手也在进步。你面对的防守球员会更强，对方守门员也会快速并能覆盖更大的球门面积。那么，你该怎样寻觅射门良机呢？

　　首先，做好第一次触球就完成一脚高质量射门的准备。球员都害怕在一脚射门时踢空，但在接球的地方快速地一脚射门往往有着更好的得分机会。虽然第一脚去调整，第二脚再去射门这种方式会更加稳当，但同时也意味着防守球员有更多的时间回位补防。总之，一次无力的一脚射门比两次触球调整好的射门的得分机会更大。

守门员往往采用封堵近门柱的站位，因为这个位置对于射门球员来说距离球门更近，更容易进球。如果守门员很好封住了近角，那么你就将球射向远角。当然，这需要大量的练习。一次触球射向远角往往是很有效的。

其次，你需要具有在任何位置射门的能力。虽然每个人都能在点球点射门，但这样的机会在实际比赛中寥寥无几。你应该练习从接到球的位置开始射门。我在大学里执教时，我的一位球员常常根据在比赛中他经常接到传球的位置练习射门，他经常会在团队练习结束后自己加练，尽管他不是很有天赋，但他通过后天的努力训练排在射手榜第二位。

射门是一项技术，而如何射进则是一项战术，取得进球需要射门技术来支撑。一个不是很漂亮的进球或一个近距离的进球与 16.5 米（18 码）外的倒挂金钩进球都是一样算数的。你学会如何得分，就会帮助你的球队取得优异的成绩。

42

近距离间接任意球破门

得分

　　对方如果在球门前 9.15 米以内的位置被判间接犯规，那么你的球队会得到一个间接任意球。根据规则，不管球员在哪里犯规，罚间接任意球的距离距球门都不得短于 5.5 米（6 码）。如果犯规发生在球门区，则间接任意球罚球地点应该在距离球门 5.5 米的违规地点——最近的球门区线的点上。防守球员必须距球 9.15 米。当然，球门区的长度不足 9.15 米，所以防守球员会在门线上排列人墙。在这种情况下，大多数球队都会要求 11 名球员在门线上防守。

为了打穿这道防线，你需要制订方案。在球门前 5.49 ～ 9.15 米的间接任意球是破门的最好机会，如果你没有计划，那么很多这样的机会都会被浪费。

你想要取得进球，首先要传第一脚球给队友。你背对球门并需要有 2 ～ 4 名队友在大概 1.82 米（2 码）处准备接你的传球。你在传球给队友时应有一定的角度，这样可以为你的队友争取更多的射门时间，因为防守球员会冲上来封堵。你的队友应该快速射门并射向上角（高于防守球员的头且低于横梁），不应把球射向守门员方向。在你传球之后，你和你的队友应做好补射的准备。

快速和精确是近距离间接任意球成功破门最重要的两点。

你如果是传第一脚球的球员，可以做一些假动作来使防守人墙移动。随着防守球员后退，空当就会出现。当然，你的队友必须知道你的计划，否则他们就没有做好射门的准备。

对守门员来说，无处可藏。

——布拉德·弗里德尔（BRAD FRIEDEL）

难度等级

用 1 对 2 的练习来挑战自己

控球

　　你想要提高控球能力并能在对手的夹击中控制好球，就要通过大量的练习。下面这个练习可以提高控球能力，只需约上朋友，在公园或家的后院就能完成。

　　这项练习的目标是一名进攻球员在限定的空间内（8 米×8 米或 10 米×10 米），在两名防守球员的防守下控球。你如果是进攻球员，就应该护好球并为自己创造空间，尝试摆脱防守球员，循环往复。作为寡不敌众的进攻球员，你要利用有限的空间为自己争取时间。你的球如果被防守球员抢断，那么这名防守球员就转化为进攻球员，你则要变为防守球员与另一位防守球员合作来抢回球权。如果球被防守球员碰出界，则进攻球员重新获得球权。

这个练习不仅能提高你的护球能力、摆脱防守能力，还能测验出你在狭窄空间内的运球能力、灵敏能力以及爆发力。

这个 1 对 2 的对抗练习每组持续时间要短，60 ～ 90 秒一组，因为练习的强度非常大。这种无氧运动能够帮助你在实际比赛中做好面对困难的准备。你做上几组这个练习会提高你的技术应用能力和摆脱防守的能力，使你处于良好的竞技状态，让你在赛场上更具威胁。

> 1 对 1 练习能很好地提高运球能力，而 1 对 2 练习的强度是 1 对 1 练习的两倍以上。这个练习可以在你家的小院或者在训练场上练习。你要始终保持对球的控制，才会使你成为更有价值的球员。

44

抢断还是延缓

防守

　　当对方进攻球员刚接到球时，你作为防守方，是抢断还是延缓？这是一个非常好的问题，最佳答案就是视情况而定。你如果是一名后卫，对手传了一脚长距离的渗透性球到边路，而你队的边后卫又被突破，此时你应该去延缓。因为此时是 1 对 1，你如果再被突破，对手将会获得非常好的机会。你应该和对手保持一定的空间，降低被他过掉的可能性，从而为队友回防争取到时间，在防守三区获得人数上的优势。你的队友应该让你知道你现在的任务是延缓对方的进攻速度。在我执教的大多球队，总会听到球员相互在喊："别扑太猛！"你应该尽自己最大的努力不被突破。

当你有更多的队友支援的时候，可以选择抢断。在抢之前，你必须降低重心并要有信心赢得球权。你还要知道对方哪些球员容易被抢断。没有人会去抢梅西或者 C 罗的球，因为最好的后卫也被他俩突破过，只有当他们持球进入罚球区的时候，防守球员才会上去抢，因为防守球员此时已没有别的选择。

把握场上的情况、了解对手的能力、知道队友的位置很重要，空间意识和比赛经验会帮助你解决是抢断还是延缓这个问题。

当你延缓对手进攻时，要搞清楚对方其他进攻球员的位置。你可以在延缓这名进攻球员的同时，通过合理角度的选位来阻止他向队友传渗透性的球。做到这样，你就减少了对方的威胁。

心智能

当你落在最后面时，即使你尽了最大努力也会感到羞愧。那么，在什么时候你应该觉得愧疚呢？那就是粗心大意。我们已经掌握了技能和球场上的战术，现在让我们确保你在比赛中有智慧的头脑。

位置编号

阵型

当今的足球比赛给每个位置赋予了一个数字。现在许多教练用数字来代替位置名称。在这个位置编号系统中，守门员是 1 号。许多守门员都穿着 1 号球衣——这个传统可以追溯到球队让 11 名首发球员根据自己的位置穿 1 ~ 11 号的球衣的时候。所以，每一个比赛日，球员们都会穿着印有代表他们位置号码的球衣。见图 3.1。

这里，我以 4-3-3（4 名后卫，3 名中场，3 名前锋）阵型（算上守门员也被称为 1-4-3-3）为例列出场上球

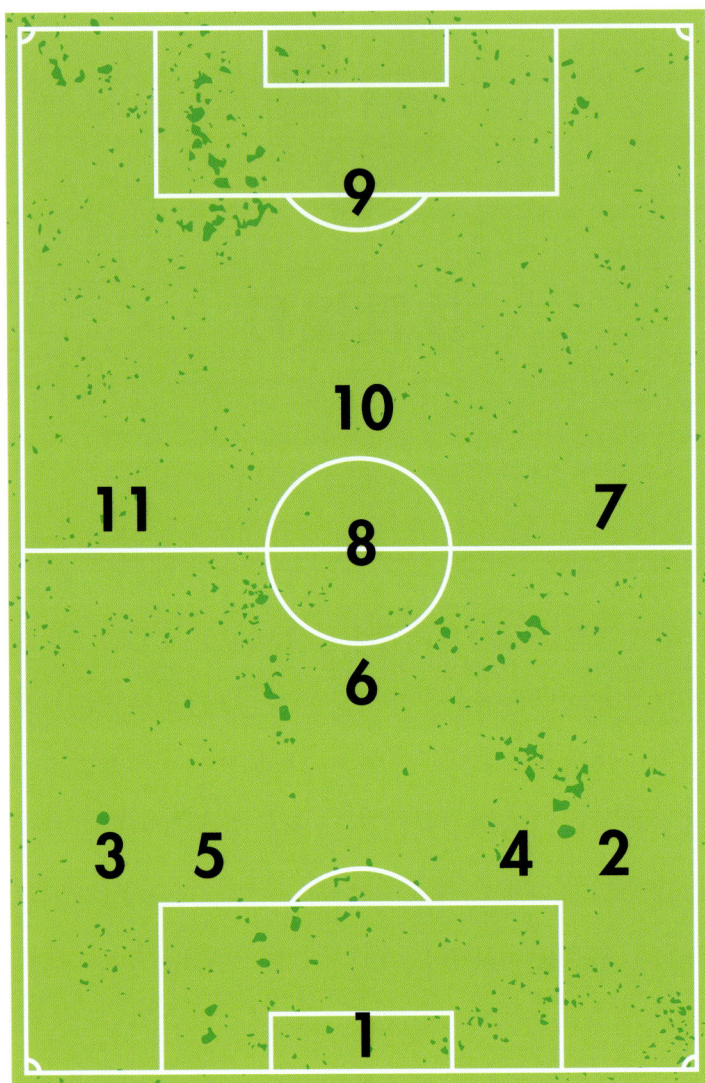

图3.1

员的位置。边后卫是 2 号和 3 号，中后卫是 4 号和 5 号。在今天的比赛中，边后卫既是防守球员同时也承担着进攻的职责，中后卫也可以向前插上助攻。但后卫的首要职责还是作为防守球员加强防守，其次才是从后场发起进攻。

6 号是防守型中场或控球中场。你如果踢这个位置，防守和控球都是你的职责。你是中场球员，同时你也有防守的责任，你的位置应保持在球队其他中场球员之后。8 号是全能型中场，你如果踢这个位置，那么进攻和防守的职责大致相等。你需要适应从一个罚球区奔跑到另一个罚球区。10 号是进攻型中场，顾名思义，你需要全程参与进攻。在大多数足球队中，10 号球衣一直是球员梦寐以求的。一些非常伟大和富有创造力的球员都身穿 10 号球衣——比如说贝利和梅西。

在 4-3-3 阵型中，边锋分别是 7 号和 11 号。你如果是一名边锋，那么职责就是在边路开展进攻。最后是 9 号球员，即一个队的中锋。你如果踢这个位置，职责就是进球，以及在队友跑位接应你时能护住球，最重要的是成为球场上一名令人生畏的进攻球员。

你了解这些号码，就会在你的教练或培训师使用时能明白。相比于在球场上理解位置，这样用文字和图示反而能更好地让你理解教练的意图。

2

边后卫占据边路

分析理解比赛

现代足球比赛中发生了许多改变，其中一项就是守门员需要掌握一定的足球技能。尤其是在规则发生变化显得非常必要，比如当队友将球传给守门员时，守门员不再被允许用手抱球（以前的规则允许）。随着足球比赛中控球时刻的增多，防守球员（后卫）也必须增加他们技能的全面性。所以，对于后卫来说，在他们的职责之外发展进攻技能非常重要，这已经超越了他们的防守职责。

在大多数球队中，边后卫是被要求做得最多的球员。

教练要求这些球员占据边路，从本方底线到对方底线——让他们成为防守和进攻兼具的球员。你如果是一名边后卫，那么要做好比场上其他球员跑得更多的准备。在1对1的情况下，你要能够防守住对手，因为你通常是在没有队友帮助的情况下一个人在边路坚守。进攻时，你要能在边路运球向前，并且最终把球带到对方罚球区内。

你会发现在许多比赛中，边后卫并没有过早地参与到后场组织进攻中，而是由两名中间的防守球员——守门员和一名控球中场——从后场开始组织进攻，边后卫从宽度和纵深上来拉开场地。球队想变得强大，拥有优秀的边后卫很重要。当你看比赛时，集中精力仔细观察边后卫在不同的情况下都在做什么，观察他们如何根据球的位置来调整自身的位置，再注意当球来的时候，他们又在做什么。

> 你如果把自己当作一名边后卫进行训练，那么你无论被派到什么位置（守门员除外），都会有出色的表现。

足球，是用大脑踢的。

——约翰·克鲁伊夫（JOHAN CRUYFF）

3

四后卫的防守站位是关键

防守

如果你是四后卫（即防守球员）中的一员，那么就必须与守门员一起行动将球挡在球门之外，并迅速组织下一次的进攻。守门员必须要有视野，能够提供有用的信息，具有指挥后卫的能力。因为守门员能看到整个球场的情况，并且有来自后方的良好指示，可以减少来自对手的威胁。见图 3.2。

在比赛的过程中，理想的情况是防守球员多于进攻球员。比如有一名后卫盯住持球队员，同时距离最近的两名队友提供防守支援。如果球在球场的中间位置，

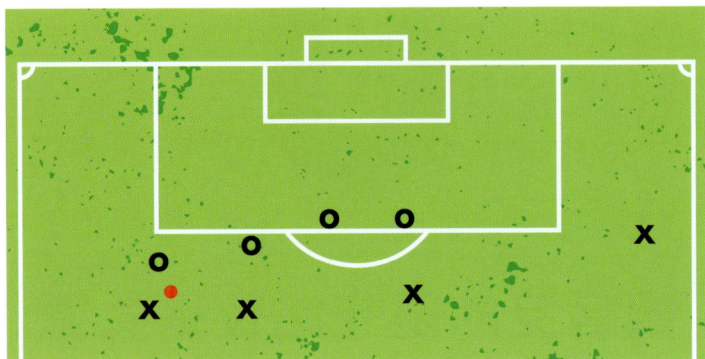

图3.2

一名中后卫对球进行压迫，则另一名中后卫和一名边后
卫提供防守支援，另一名边后卫则做好保护。如果球在
边路，则边后卫对球进行压迫，一名中后卫提供防守支
援，另两名后卫做好保护。

当球队获得球权时，四后卫应该成为球队进攻的
一部分。你如果在比赛中重新获得球权，那么要尽可
能地把球传给你前面更有进攻机会的队友。除非你正
处在压力之中，否则不要把球清理出场外，因为这很
可能会让对手重新获得球权，你要再次进行防守。另外，
当你的球队控球时，四后卫需要快速向前压上到中线，
以防止对手在你的防守半场获得空间，这可能会导致

对方懒惰的进攻球员越位。四后卫必须作为一个整体向前压上，否则懒惰(或机会主义)的进攻球员就会利用四后卫中的一名没有及时向前压上的球员（即懒散的防守球员）的空当优势。所以，四后卫要作为一个整体压上——或者整体不压上。

在观看比赛时，你要注意四后卫是如何作为一个整体行动的。一名好的后卫应该知道其他三名后卫在哪里。四后卫要作为一个整体进行移动，使对手很难获得好的进攻机会。因此，你只有不断向别人学习，才能成为一名优秀的后卫。

难度等级

进攻的宽度和纵深

控球

　　你如果处于进攻状态，那么充分拉开场地就会打开传球的通道，给队友更多的时间和空间来控球。当然，你的球队需要球员有高超的技术能力，而更多的时间和空间会给球队带来更大的优势（至少对于进攻而言）。

　　为了拉开空间，你的球队需要宽度（从边线到边线）和纵深（从底线到底线），边路球员需要靠近自己所在位置的边线，但球员之间不能彼此靠近。中后卫需要退得足够深，让中场和前锋有机会把球回传给队友。进攻时，守门员是回传球的第二选择，以保证控球权并重新组织进攻。前锋需要在防守允许的范围内向前推进，以进一步延长场地的纵深。对方防守时，通常都会让球队的阵型更加密集，因此前锋需要不断地改变自身位置。当前锋知道自己没有机会接到传球时，在防守球员身后跑位（即在一个越位位置）也是一个很好的战术。这样就会迫使防守球员调整他们的位置。

此时，你和你的队友需要变换位置，发起进攻。当球员离开自身位置接球时，另一名球员应该填补新出现的空当。也就是说，一名接应球员离开留下空当时，另一名球员要补上。当然，这又会出现新的空当，需要其他球员再去填补。这种不断的移动，即出现空当，填补空当，再出现空当，会让你的球队更加难以防守。所以，当你接球时，寻找为自己创造时间和空间的方法会让你成为一名优秀的球员。

你要注意跑动的时机和位置，以方便队友传球给你。原地站着要比你跑动接应更容易被盯防，所以要有目的地跑位。

防守的宽度和纵深

防守

当你的球队在防守时，了解防守的纵深和宽度是很有必要的。在防守时，阵型要尽可能得密集，这会缩小对手传球的通道，便于你提供防守支援，同时保护队友。你在球场上的位置将取决于正在被压迫的对方持球球员的位置。如果你要防守的球员离球很远，处在一次以上传球才能到达的位置，那么你就可以放弃这名球员（给球员更多的空间），帮助你的球队整体防守。如果你是一名边路球员，当球在另一侧边路运行时，相比于球在中路运行，你可以向里回收，放弃更多的边路位置。

如果对手正受到队友的压迫，你甚至可以放弃更多，目的是让更多的人进入传球通道，使空间变小，这样对手就更难突破你球队的防守。

你还需要维持球队的纵深。如果你球队的 10 名场上球员在两个底线之间保持在 27.43 米（30 码）的区域中，这个区域覆盖的面积要远小于球员在场上防守时拉开到 45 米（50 码）的区域所覆盖的面积，为了将对手压迫在有限的空间里，你的球队后卫们需要作为一个整体压上。再一次强调，一支球队防守时，球员压上和阵型密集的关键是对对方持球球员进行压迫。如果对方持球球员由于防守压力没有时间去寻找跑动中的接球队友，你的球队阵型就是密集的，很难被打破。

记住这个经验法则：如果你的潜在防守对象处在一次以上传球才能到达的位置，你可以远离这名球员。当你的防守对象处在两次以上传球才能到达的位置，那你可以离他更远。一支球队的防守能力越强越能赢得更多的比赛。

每个人都像失败者在为自己找借口，但冠军没有。

——阿莱克斯·摩根（ALEX MORGAN）

難度等级

6

直接任意球人墙设置 |

防守

当防守球员在罚球区外犯规时，很多时候需要设置人墙。有时是守门员要求设置人墙，有时是周围就近区域的球员设置人墙。请记住：这个球可以是直接任意球，也可以是间接任意球。见图 3.3。

人墙是由防守球员组成的，球员要距离球 9.15 米。因为规则不允许防守球员去防守对方射手，所以人墙的设置是用来保护球门的。人墙是为保护近门柱而设置的，将剩余的进球空间留给守门员保护。但是，有天赋的球员仍然可以让球越过人墙和横梁底端射向近门柱得分，

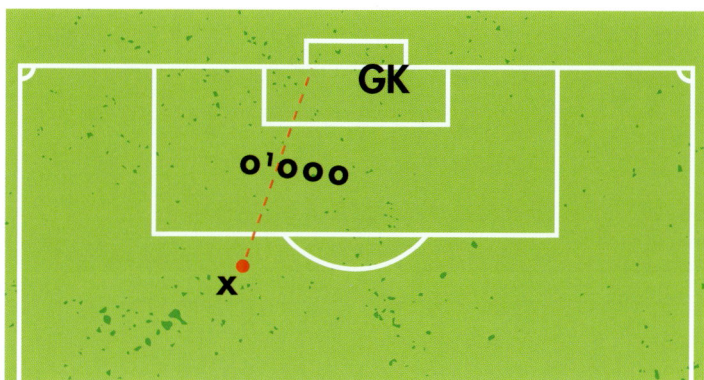

图3.3

或用一个弧线球绕过人墙射向近门柱得分。如果你所效力的球队里有一名可以使球越过或绕过人墙进攻得分的球员，这是件好事。你的球队就可以根据这名球员的演练来调整人墙位置的设置，以防守这种定位球进攻。

在设置人墙时，守门员要让队友知道需要多少人去排人墙，主要根据对方主罚球员的水平和罚球距离来确定人墙的人数。对方进攻球员得分的机会越大，墙内安排的球员就应越多。进攻球员会尽快控制住球，会快速罚球进攻。若进攻球员要求裁判让防守球员的人墙离球 9.15 米以外，则主罚球员需在裁判吹哨示意后才可以罚任意球。

作为一名球员，你要了解规则，并利用它们为自己创造优势。了解哪些犯规导致直接任意球，哪些犯规导致间接任意球。这在足球规则书中很容易找到，阅读规则可以更好地指导你的比赛。

直接任意球人墙设置 II

防守

在罚任意球过程中，如果对方快速罚球（进攻球员没有要求裁判把人墙移到离球 9.15 米远的地方），那么你的队友应该主动上前设置人墙阻止对方快速罚球进攻，守门员应该警惕对手的快速射门。如果守门员参与人墙设置，则球门远门柱的空间变大，对手就可以选择远门柱射门，甚至把球传进球门。正因为如此，在设置人墙时，让就近区域的球员参与人墙设置（通常是前锋球员之一）应该是一个好主意。

在设置人墙时，让一名防守球员站在罚球球员和近门柱的连线上，以覆盖球向近门柱一侧的运行路线。再把其他球员放在人墙的末端，这样人墙就能保护近门柱。要确保末端球员的内侧耳朵与近门柱对齐。在设置了人墙第一个人之后，其余的人在第一个人末端排成一行。人墙设置好后，场上球员应该贴紧手臂、不要张开，以消除不必要的混乱（手球的嫌疑）。

在排列人墙的时候，守门员首先要仔细观察场地内的球员，以确保危险位置已有队友盯防；然后应该选择一个好的站位，在球被射出时做出扑救。

你可以参加裁判课程培训，以帮助你理解比赛的细微差别。你也可以在你的社区里通过执法比赛赚取培训费。

难度等级

8

那个球是我的

综合

在比赛中，球很多时候就在那里轻松地呆着，因为没有一个人上去争抢它。作为一名场上球员，你可能认为你的队友马上能够争抢到球，又或者你去抢球会留下空当。但是你要记住：球才是足球场上最为重要的东西。如果对方不把球权控制住的话，你盯防的球员也得不到球。在你附近活动的球就应该由你负责，直至它超出你的范围。你要把这种思维方式变成一种习惯。

有些方法对你拿球有帮助。在整场比赛里，你的脑海里都要有一个整体画面，即场上的其他球员都处在什么位置,并尽力去预判球可能的去向。当然,在你追逐球的时候,抢下球权会很难,很多时候你可能犹豫不决,而等到上抢时已经迟了。这种犹豫通常是因为你在看还有谁可能会抢下这个球。此时,你要立刻告诉自己:"那个球是我的!"无论是你的队友还是对手准备抢下这个球,你在观察的同时都要快速地去追球,这总好过于在你没有抢下球权而拼命后撤的时候才后悔刚才在第一时间没有迅速上抢。

这种"那个球是我的"的理念可以带到你的比赛和训练中。当教练要求志愿者来示范动作时,很多球员都会躲在后面不愿上前。也许在他们的观念里认为自己并不擅长这个技巧,但教练会喜欢具有主动性的球员,因为他们在比赛中会主动站出来承担任务。主动能显示出你勇于担当的精神,因此在球场上的所有事你都应时刻准备着。不要做一个退缩的人。

教练宁愿让你犯积极向前的过失,也不愿让你犯消极后退的错误。对于一名优秀教练来说,让一名消极萎靡的球员变得更加积极奋进,要比让一名过于积极进攻的球员变得温和容易很多。球员们应时刻准备着,保持高度警惕。

9

罚角球时的行动

得分

　　当你的球队获得一个角球，你想要进球，很重要的一点是一定要让对方很难防守你。角球防守有三种方式：人盯人防守、区域防守和区域结合人盯人的混合防守。无论你的对手采取哪种防守方式，关键在于你一定要让对方球员对你的移动无法防守。

　　作为球队的一员，你的教练会让你知道队友会将角球罚向哪里。最常见的位置有近门柱、远门柱、守门员前方、点球点和罚球弧（以防球的反弹）。球员们需要知道每个人将要去哪，以及根据球到达的落点选择跑向目标位置的时机。你如果早到了，就会很容易被对方球员防守。

当球到来时，你的攻击性要强一些，要尽力将球踢向球门或者球门前。如果球没有到达你身边，你应该调整位置，让身体处于球的一侧，即在最佳的得分位置。当球在罚球区门前时，周围球员的弹跳会引起混乱，而这时就是你进攻的好时机，要抓住它。

你如果被人盯人防守住，尝试做盲侧跑动，让盯防你的球员不能同时看到你和球。如果你的跑位正好在防守球员的区域结束，那么尽力跑到球即将到达的位置并到达球的一侧。

罚角球时，你要尽量采取弧线跑动，以便使自己在球的运行路线上。如果角球罚早了，你可能不会准确抢到第一落点，而防守球员就会容易争抢到。

当人们对你说"不行"时，你微笑着对他们说："不，我可以。"

——朱莉·福迪（JULIE FOUDY）

10

让你的非惯用脚变得可用

综合

你要想成为最优秀的足球运动员，既要掌握一系列的技术，又要拥有使用双脚练习这些技术的能力。如果你的惯用脚是右脚，那么你的左脚就不能仅仅用来站立支撑。很多教练都希望球员双脚的能力能够均衡，但有句话更加切合实际："让你的非惯用脚可用，让你的惯用脚致命。"

比如马拉多纳可以用左脚完成很多不可思议的事情，几乎不可阻挡，而他的右脚也足以应付所参加的高水平比赛。当你用惯用脚踢球时，可以完成得很好，因为惯用脚使用起来会更加自然，对于尝试新的移动、传球、射门也会更容易。因此，你应该将惯用脚的能力尽可能发挥到极致。

但是，你还需要将非惯用脚锻炼到一定的水平，从而让它在比赛中发挥作用。如果你不能使用非惯用脚完成常规的传球，那么对方防守球员就会有所察觉，会向你的弱势一侧压迫。在赛季中期，很多球员改善自己的劣势时往往遭遇瓶颈。在比赛情境下，用惯用脚做熟悉的动作让人更加舒服（即使某些时候在某些位置上使用非惯用脚才是更合理有效的选择）。因此，你最好在非比赛的时间（或者不重要的比赛时段）大量练习和使用你的非惯用脚。

我们都知道熟能生巧的道理，那么现在开始就多加练习吧，你将成为一名高效的足球运动员。

在每次比赛结束后，回想一下在比赛中如何做才能成为更优秀的球员，然后再加以练习。你既可以练习使用非惯用脚移动和射门，也可以练习你的惯用脚，使它在球场上更加致命。

11

加强足球力量训练

体能

    从身体素质上看，足球运动需要耐力和力量的结合，因为足球运动中有大量的碰撞和奔跑。你虽然不需要有一名举重运动员的力量素质才能成为一名优秀的足球运动员（事实上，成为一名举重球员会限制你的耐力），但你确实需要锻炼身体以承受训练和比赛的压力。加强足球所需的力量训练，需要锻炼三个基本部位：腿部、上身和核心部位。

    下半身力量主要用来更用力地击球、在短距离内快速移动和赢得 1 对 1 的对抗。你要强壮，但不能笨重。

足球运动员在 90 分钟的比赛中可以跑 12.87 千米（8 英里）。用笨重的肌肉跑这么长的距离几乎是不可能的。更多的重复次数和更轻的重量会使你下半身的耐力和力量达到足球需要的水平。

上半身的力量主要用来抵抗在压迫下试图从你脚下抢球的对手。当你持球的时候，上半身还可以用来阻挡防守球员与你肩并肩地跑动。就像下半身一样，要让肩膀和手臂强壮而不膨胀。用更轻的重量（或仅仅是体重）做更多的重复练习，这将有助于提高上半身的力量。

核心部位恰如其名——它是足球运动赖以发展的中心。一个强大的核心将帮助你在比赛中出现在许多位置上。你每天可以做一些腹部运动，而且许多练习（平板支撑、卷腹、仰卧起坐等）只用体重就可以实现练习目标。设定一个日常核心训练的计划，你将成为一名更优秀的足球运动员。

我有句口头禅："如果你有机会踢球，你应该踢！"身体强壮是很重要的，但是没有什么比踢球更能让你成为一名优秀的球员。增加体能训练可以提高你的比赛水平，但完善比赛技能是你能做的最重要的事情。

为比赛储备体能

体能

当你为即将到来的赛季做准备时，重要的是要为第一次训练课做好准备。让你恢复体能不是教练的责任，而是你自己的责任。如果你不加强体能恢复，那么你将无法在训练中做到最好，甚至可能会失去进入 11 人首发名单的机会，或者根本无法进入球队。那你怎么做才能保持体能呢？

大多数球员只是简单地用跑步来准备一个赛季的体能储备。跑步虽然有效，但关键在于跑步方式。如果你总是以同样的速度慢跑，你就会在球场上以同样的

难度等级

速度慢跑。在比赛中，有站着、行走、慢跑、快跑和冲刺，所有这些都意味着你需要练习的不仅仅是慢跑，而是练习比赛中你需要做的各种跑动方式。你需要在无氧和有氧模式下跑步。你可以用法特莱克训练法练习，它在你计划的跑步行程中混合了慢跑、快跑、行走和冲刺。如果你在跑道上跑步，可以在每一圈的同一地点练习同一个跑步方式。如果你在马路上或小路上跑步，选择一根灯杆或一棵树来启动和停止每个跑步方式。当你的体能越来越好时，你可以延长冲刺跑（锻炼中无氧部分）的时间，缩短每种跑步方式后的恢复时间。请记住：你现在正在为比赛进行体能储备。

当你独自训练、与朋友一起训练或结合球一起训练时，你为比赛的体能储备就开始了。挑战自己，提升控球速度的技巧，并在短时间内尽可能多地进行练习。你在训练时，如果球在射门或其他训练中踢丢了，那么努力跑去把球捡回来。记住：当你在球场上累了，你的能力就会下降。所以你要进行相应的体能训练。

足球运动员要具备技术（技能）、战术、心理和体能四个方面的能力，这些能力都很重要。你不要让体能落后，努力做好每次训练或比赛的体能储备。

13

获得球权，开始进攻

防守

在防守时，重要的是要看到整个场地，而不是只关注所盯球员的位置。如果你防守的球员处在一次以上传球才能到达的位置，在对手成功突破或传出一个好的渗漏性球而打破你队的防守时，那么你的保护位置可以帮助你的球队防守。即使你防守的球员通过一次传球就能接到球，你也应该知道你的队友和对手在哪里。在全场范围内了解每个人的位置将有助于你的发挥。

在进攻时，优秀的球队会扩大比赛空间，拉开纵深和宽度。在防守时，优秀的球队会保持阵型紧凑。当

你重获球权时，你有很大的机会突破对手的防守线，因为他们仍然处于分散的进攻模式。一般来说，球队由守转攻的速度要快于由攻转守的速度。当你重获球权时，要想办法利用对方正在转换防守的漏洞，可以利用一脚出球传给更靠前的球员，向前运球到空当；或快速地渗透横传改变进攻点，让对方紧跟其后。

你的思维不应只是获得球权，而是准备好快速进攻。要做到这一点，你需要对球场有一个全面的了解，并且对你可以获得球并立即进攻充满信心。你反击的速度越快，就越容易成功。

在训练过程中一定要控球并快速进攻。你练习的次数越多，就越自信，就越容易在比赛中获得球并快速进攻。

心智能

14

后场组织进攻

控球

当一支球队想要保持阵型时，他们会从后场组织进攻。球员们很多时候认为从后场组织进攻只涉及守门员和后卫，实际上，从后场组织进攻是球队 11 人的活动——从后卫和守门员开始。后卫需要拉开场地，他们很多时候会形成伞状，伞顶指向自己的球门。由于在足球阵型中，后卫比对手前锋多，所以从后场组织进攻的最初部分包括 4 名后卫（可能是 3 名）、1 名守门员对对方的 2 名或 3 名前锋。这个人数优势应该允许你的球队保持球权。当然，你运球越远，人数优势就越小。

后场 5 名（包括守门员）球员需要相互之间传球，同时寻找一个渗透性传球的机会将球传给正在接应的中场球员。这位中场球员很多时候都会被对手盯防，他会把球回传给后卫。后卫要试图穿透对方的防线，并不断地跑动来调动对手离开防守位置，这样你的中场队友就有时间和空间转身面对对方的球门。当你在球场上移动时，传球越准确，就越有可能突破对方防守，让对方防守球员追逐球。为了获得更好的人数优势，许多球队会让自己的边后卫向前移动，以帮助球队在中场控球，这给自己的球队创造了中场的人数优势。当然，你必须保持警惕，因为你的球队后场只有 2 名中卫和守门员。见图 3.4。

从中场开始，观察并寻找机会将球传给进攻三区的球员进攻球门。球一旦到了那里，中场球员（甚至是边后卫）就可以接球攻门。

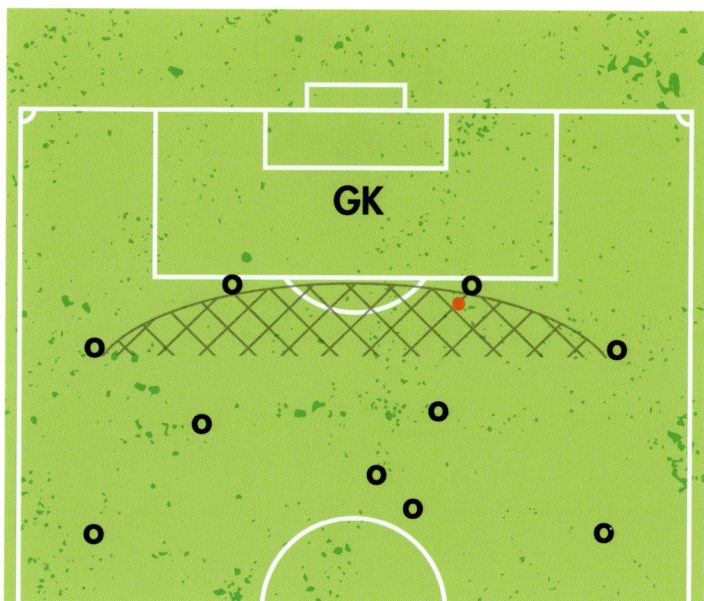

图3.4

你如果没有出色而稳定的控球技术，就无法从后场组织进攻。如果球队的 11 名球员都能稳定地控球，那么球员在比赛中的疲劳程度就可以降到最低。

我真的想每天都尽我最大的努力做到最好，我真的想享受每一天的生活。

——兰登·多诺万（LANDON DONOVAN）

15

打破越位陷阱

得分

当一个球队的球员以小组（通常是四后卫）向前推进时，让一名或多名球员越位，就会出现越位陷阱。很多时候，前锋会越位，因为他们不会在防守球员压上时调整自己的位置。即使前锋确实调整了位置，他们也不能得到一个直传球，因为他们正朝着错误的方向移动。见图 3.5。

越位陷阱的主要目的是引诱前锋上当。你的球队为了摆脱陷阱，需要前锋以外的球员向前插上。你如果是一名中场球员，应该预见到陷阱，然后随着陷阱的向

难度等级

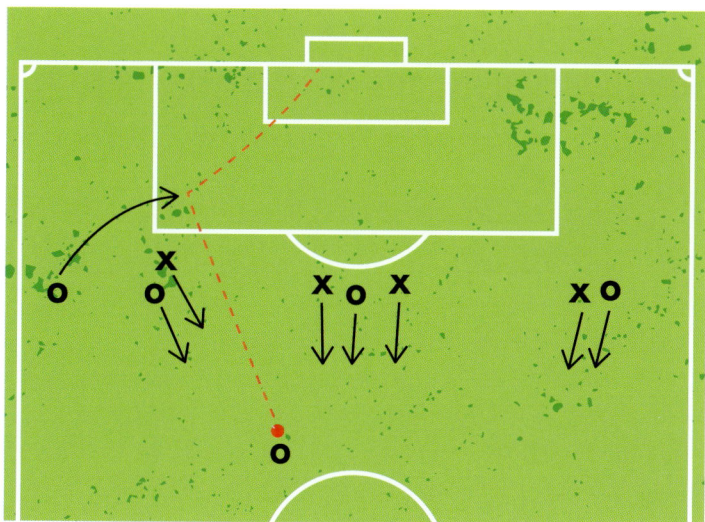

图3.5

前移动而开始向前插上。你的持球队友现在把球塞到防守球员的空隙里，你接球后可以单刀面对守门员。你也有时间突破守门员，因为防守球员在你向球门前进的过程中正远离球门。别着急，抓住机会就能突破。

　　另一种打破越位陷阱的方法是运球。一个好的越位陷阱伴随着对球的压迫。但是，你如果持球并且能突破防守球员，就可以运球向前推进，使防守球员分散，然后进攻球门。

整个球队配合的时机非常重要。前锋需要调整而保持在不越位的位置，中场球员需要看准插上的时机，以便前锋在接传球时没有处在越位位置。中场球员还必须去一个能让队友传球的空当。你如果想运球突破陷阱，那么当防守球员专注于让你的队友越位的时候，就是你快速向前突破防守球员的机会。

一个利用越位陷阱的球队将会被突破。几乎所有的情况说明，打坚实的基本防守是比越位陷阱更好的选择。

术语表

有氧运动：最大限度地利用可获得的氧气的运动（如慢跑）。

无氧运动：使人陷入氧债、迫使身体使用氧气的运动（如多次冲刺）。

要求9.15米（10码）：球员要求裁判把人墙移到离球9.15米远的地方。

球侧：一名球员比对手更接近球。

突破到防守球员身后：一名进攻球员的目标是越过防守球员更靠近对方的球门。

快速触球：运球突破到防守球员身后的最后一步动作。

盲侧跑动：在防守球员后面进行无球跑动，这样防守球员就不能同时看到球和球员。

攻守兼顾：同时兼顾进攻和防守。

全能型中场：指能打全场（从己方罚球区到对方罚球区）的球员。

低重心姿势：防守球员在防守持球球员时采取的双腿弯

曲、重心降低的姿势。

转移：将球从场地的一边转移到另一边。

折线摆脱：一个没有球的球员从持球队友身边跑开，打开空间，再回到球附近接球。

靠近或拉开接应：球员向他们的队友移动接球。

紧逼：防守球员靠近正在接球的进攻球员。

分球：守门员用手抛球、地滚球、踢高空球或球门球开始比赛。

跳抢球：一名防守球员试图用一只脚跳向对方抢球。

死球：出现死球后要用角球、球门球、任意球或掷界外球重新开始比赛。

45°传中：进攻球员在离球门 18.29 米（20 码）或 18.29 米以上的地方传中。

法特莱克训练法：一种结合步行、慢跑、快跑和冲刺的训练方法。

4–3–3：一种常见的阵型，由 4 名后卫、3 名中场和 3 名前锋组成。

50/50 球：两名球员都有同等机会获得的球。

前脚：当球员传球给队友时，靠近球门的脚。

锁紧脚踝：脚尖向下（脚背射门）或向上（脚内侧传球），使脚成为坚实的击球部位。

人数优势：一个队在一个区域内的球员多于对手。

有防守球员：当一名防守球员正在盯防一名进攻球员时，进攻球员通过队友的呼喊让即将接球的球员知道防守球员正处于良好的防守位置。

越位陷阱：在球马上要传出前，防守球队试图作为一个整体前压到进攻球队的前锋前面。（即使进攻球员处在比防守球员更接近防守球队球门线的位置。）

出击：守门员离开球门线去封堵射门并且具有侵略性地踢球。

空当：没有球员的区域。

挡球：守门员用手扑救且抓不住球时使用的动作。

向前压：当一支球队向前移动时，后卫在队友向前推进时向前移动。

快速罚球：球员犯规后，抓住对方防守失误，快速地将球投入比赛中。

活球：比赛进行时，死球的反义词。

凌空侧踢：一种从身体侧面射出的球，通常是踢空中球。

转身：运球球员利用身体让防守球员远离球，然后转身到开阔的空间。

横向传球：以 90° 角传给队友的传球。

力量潜能：个人变得更强的终极能力。

让守门员无法触及球：在传中时，把球传到守门员不能在空中安全触及的地方。

人墙：针对一个具有潜在得分机会的任意球对球门进行保护的防守设置。

后场组织进攻：一支球队在球场上以传球开始比赛，通常从守门员和后卫开始。